KB263932

가수를 꿈꾸는
네가 알아야 할
모든 것

실력파 가수를 키우는 내가네트워크의
비밀 프로젝트 대공개

가수를 꿈꾸는 네가 알아야 할 모든 것

초판 1쇄 발행 2012년 11월 16일
초판 5쇄 발행 2021년 3월 30일

지은이 내가네트워크
기획 전민지(내가네트워크 A&R팀)
펴낸이 유정연

기획편집 장보금 신성식 조현주 김수진 김경애 백지선 **디자인** 안수진 김소진
마케팅 임충진 임우열 박중혁 정문희 김예은 **제작** 임정호 **경영지원** 박소영

펴낸곳 흐름출판(주) **출판등록** 제313-2003-199호(2003년 5월 28일)
주소 서울시 마포구 월드컵북로5길 48-9(서교동)
전화 (02)325-4944 **팩스** (02)325-4945 **이메일** book@hbooks.co.kr
홈페이지 http://www.hbooks.co.kr **블로그** blog.naver.com/nextwave7
출력 · 인쇄 · 제본 (주)현문 **용지** 월드페이퍼(주)

ISBN 978-89-6596-048-5 13670

실력파 가수를 키우는 내가네트워크의
비밀 프로젝트 대공개

가수를 꿈꾸는 네가 알아야 할 모든 것

내가네트워크 지음

흐름출판

프롤로그

기획사의 비밀을 알면
가수의 꿈이 보인다

내가네트워크 대표 최윤석

나도 한때는 가수를 꿈꿨었다. 노래가 좋아서 공부는 제쳐두고 노래만 주구장창 부르다가 가수 되려면 대학가요제 정도는 나가야 할 것 같아서 그제야 공부를 시작했다. 대학에 들어가자마자 공부는 때려치우고 밴드생활을 시작했다. 음악에 대한 내 열정을 알아본 건지 정말 실력이 있었는지는 알 수 없지만, 당시 신승훈, 김건모가 있던 기획사에서 앨범도 발매했다. 그렇게 가수로서 얼마간 생활하다 보니 스스로 앨범도 만들 수 있겠다는 자신감이 생겼다. 가수 출신이고, 트렌드도 잘 알고, 음악에 대해서도 잘 아니까 누구보다 잘할 수 있다고 생각했다.

그런데 나는 쓰디쓴 실패를 맛보았다. 지금 생각해보면 그럴 수밖에 없었다. 누구보다 많이 알고 있다고 자부했지만 정작 객관적인 시선과 명확한 정보를 갖지 못했다. 음악인의 영역과 비즈니

스맨의 영역은 완전히 다르다는 것도 몰랐다. 열정적인 만큼 기대가 컸고, 그런 만큼 실망이 컸으리라. 다시는 이 길을 돌아보지 않겠다고 다짐하며 완전히 다른 분야에서 새로운 직업을 찾았다.

그런데 그놈의 음악이라는 게 끊으려고 해도 그렇게 쉽게 끊을 수 있는 게 아닌가 보다. 내가 다니던 IT회사에서 뜬금없이 음악 사업을 시작했고 나름 음악 관련 이력이 있던 나는 그 팀으로 발령이 났다. 오랫동안 거리를 두었던 음악을 다시 바라보니 예전에는 안 보였던 것들이 보였다.

이 책은 음악과 가혹한 사랑에 빠진 이들을 위한 선배의 냉정한 충고라고 생각하면 되겠다. 단순히 노래를 좋아하고 사랑하는 것만으로는 안 된다. 음반계와 기획사가 돌아가는 시스템을 이해해야 하고, 열정을 잠시 접고 다른 사람의 말에 귀 기울일 줄도 알아야 하며 이게 기회인지 아닌지 긴가민가할 때 올바르게 판단할 정보도 있어야 한다. 그래서 이 책에서는 수없이 많은 음반계 사람들을 만나고, 가수가 되고 싶어 하는 친구들을 매주 매달 오디션 보고, 그중에서 가능성 있는 신인들을 발굴해 프로듀싱하고,

국내 최초의 보컬 퍼포먼스 그룹 브라운아이드걸스(이하 브아걸)를 히트시키기까지의 모든 노하우와 과정을 솔직하게 보여주기 위해 애썼다.

아이돌 그룹에 열광하고 많은 오디션 프로그램들이 사랑받는 시대가 되면서 가수를 꿈꾸는 이들은 더 많아졌고 경쟁도 치열해졌다. 하지만 그런 만큼 그 세계에 대해 잘못 알고 헛된 꿈을 갖고 있는 친구들도 많아지고 있다. 냉정한 이야기일지 모르겠지만 학교에서 노래깨나 부르고 춤 좀 춘다고 가수가 될 수 있다고 생각하면 오산이다. 연예계는 학교 축제나 학예회가 아니다. 한 번이라도 오디션에 도전해보면 자신이 얼마나 우물 안 개구리인지, 이 세상에 얼마나 노래 잘 부르고 춤 잘 추는 사람들이 많은지 알 수 있을 것이다.

오디션을 통과했다고 해도 마찬가지다. 이제 막 긴 연습생 생활이 시작된 거다. 실력이 늘지 않거나 열심히 연습하지 않으면 언제 어떻게 낙오할지 모른다. 별로 배우는 게 없는 것 같은데도 매일 연습실 벽만 보고 지내야 하는 시간이 필요하다. 함께 연습생 생활을 시작했는데 자신만 데뷔하지 못했을 때 오는 자괴감을 견딜 자신은 있는가. 잠도 줄이고 먹고 싶은 것 줄여가며 연습과 트레이닝을 반복할 자신은? 인신공격에 가까운 독설을 들으며 이를 악물고 꿈을 포기하지 않을 자신은?

지금 무대에 서 있는 가수들의 화려함 뒤에는 언제 끝날지 모르는 힘겨운 자신과의 싸움이 있다. 브아걸의 경우도 마찬가지다. 2003년도부터 프로젝트를 시작해 2006년에 데뷔했다. 여러 경쟁을 뚫고 제아, 미료와 다른 두 명이 최종멤버로 낙점되었다. 역량이 매우 뛰어난 친구들이었지만 지루한 연습생 생활에서 오는 피로감과 다른 기획사의 유혹을 견디지 못하고 회사와 헤어졌다. 현재 그 친구들은 원래 자신들의 자리에서 스타로 빛나고 있는 가인이와 나르샤를 바라보며 무슨 생각을 하고 있을까?

브아걸이 데뷔 후 7~8년이 지나도록 꾸준히 사랑받는 건 화려한 외모와 반짝거리는 스타성 때문이 아니다. 유행에만 치중한 걸 그룹이 갖지 못한 음악적 역량과 어떤 트렌드에도 변신이 가능할 만큼 탄탄한 기본기 덕분이다. 솔직히 말하자면 노래 실력은 중도에 포기한 다른 멤버들도 그들 못지않았다. 제아와 나르샤, 미료와 가인이 그들보다 더 뛰어난 건 실력보다는 인내심과 노력이었다. 힘들고 배고프고 서러운 시간들을 이 악물고 버티어 나갔기 때문에 더 나은 실력을 갖추게 되었고, 지금의 브아걸이 될 수 있었던 것이다.

이제는 가수를 꿈꾸는 청년이 아니라 기획사를 운영하는 대표로서 수시로 누구를 데뷔시킬 것인가 아닌가를 선택해야 하는 순간에 놓인다. 누군가는 버려야 한다. 버려지는 친구는 연예인의 꿈을 접고 학교로 돌아가 인생 전체를 다시 설계해야 한다. 정말 가슴 아프고 힘든 순간이다.

나는 그 순간의 책임감을 조금이나마 덜기 위해 이 책을 썼는지도 모르겠다. 기획사에서 어떤 기준으로 연습생을 뽑는지 확실히 알려주고 싶었고 어떻게 연습생을 트레이닝 시키는지도 알려주고 싶었다. 연습생들이 하루에 몇 시간씩 연습을 하고 실력 체킹은 어떻게 하는지도 솔직히 말하고 싶었다. 그리고 그중에서 가수로 데뷔하는 친구들은 어떤 자질과 능력을 갖춰야 하는지도 알려주고 싶었다. 그래야 많은 친구들이 시행착오를 덜 겪고 더 단단한 마음가짐으로 이 세계에 첫발을 내딛을 테니까.

나는 당신이 독하고 인내심 강한 사람이면 좋겠다. 아무리 실력이 좋다고 하더라도 겸손하게 프로 트레이너들의 트레이닝을 따를 줄 아는 사람이길 바란다. 인성을 갖추고 팀워크를 먼저 생각할 줄 아는 사람이면 좋겠다. '왜 그런 게 필요하지?'라는 질문을 할 당신에게 딱 필요한 정보만을 이 책에 담았다.

이 책을 쓰는 데 내가네트워크 직원이 총동원됐다. 친구이자 최고의 파트너 IS, 회사의 기둥 성헌형님, 내 양팔 서찬일 이사, 조재익 이사, 내가네트워크의 믿음직스러운 살림꾼 관리팀 김동임 차장, 제작사업부 서상은(CyrusNine) 부장, 신인개발팀 정재민 팀장, 댄스 트레이닝 담당 오성진 팀장, 마케팅 담당 최윤정 팀장 등 직원들이 정보를 모아주었다. 특히 이 책에 대한 아이디어를 내고 총 기획한 A&R팀 전민지 팀장에게 고마움을 전한다. 책 출간에 힘을 실어준 흐름출판과 장한맘 작가님께도 감사하는 마음이다.

2012년 11월
논현동 사무실에서

차례

프롤로그 – 기획사의 비밀을 알면 가수의 꿈이 보인다

Track 1 스타는 우연히 탄생되지 않았다 14

노래 실력 70점, 댄스 실력 50점인 저를 기획사에서 캐스팅할까요?
기획사에 들어가야만 가수가 될 수 있나요?
이 기획사가 나를 소녀시대처럼 키워줄 수 있을까요?
노예계약 피해자가 되면 어떡하죠?
누구는 솔로로, 누구는 팀으로 데뷔하는 이유가 뭐죠?
연습생에서 가수 데뷔까지의 과정이 궁금해요
저도 버스커버스커처럼 될 수 있을까요?
꼭 10대여야만 기획사에 들어갈 수 있나요?

Track 2 오디션 합격 당락을 결정짓는 특급 비밀 58

지방에 살고 있는 가수 지망생이 도움 받을 만한 곳이 있나요?
변성기인데 오디션을 봐도 될까요?
공개 오디션과 비공개 오디션의 차이점은 무엇인가요?
공개 오디션 지원서를 작성하는 노하우가 있나요?
기획사에 노래 파일을 보낼 때 녹음은 어떻게 해야 하나요?
수줍음이 많아서 말을 잘 못해요. 오디션 인터뷰는 어떻게 준비하죠?
너무 떨려서 친구랑 같이 오디션을 보려고 해요
오디션에 지각하면 탈락되나요?
노래는 잘하는데 외모가 좀 별로인 저도 가수가 될 수 있을까요?
오디션 합격 연락은 얼마 만에 오나요?

오디션을 보러 갈 때 부모님께도 알려야 하나요?
실용음악학원을 다니면 실력 향상에 도움이 될까요?
★스타를 만드는 사람들 아이유, 성공의 비밀 가수에게 어떤 색깔을 입히느냐에
따라 달라진다 – 로엔엔터테인먼트 제작 이사 조영철

Track 3 오디션 합격의 노하우 ① 노래 100
내가네트워크의 파워 보컬 트레이닝

노래를 잘 부르고 싶어요. 어떻게 시작해야 하죠?
타고난 신동이 아니라도 가수가 될 수 있을까요?
어떤 곡으로 오디션을 준비하면 좋을까요?
가수가 되려면 오디션보다 실용음악과에 진학하는 게 좋을까요?
호흡은 어떻게 해야 하나요?
목이 자주 쉬는데 뭐가 잘못된 거죠?
오디션에 자꾸 떨어지는 이유는 고음 때문인 것 같아요
노래할 때 발음이 안 좋다는 지적을 많이 받아요
리듬을 타면서 노래를 부르면 모두 웃어버려요
노래를 부를 때 감정을 잘 살리는 노하우가 있나요?
관객을 감동시키는 무대매너를 갖고 싶어요
가수가 되기 위해 무엇을 더 준비해야 하나요?

Track 4 오디션 합격의 노하우 ② 댄스 146
내가네트워크의 슈퍼 댄스 트레이닝

춤을 잘 추고 싶은데, 소극적인 제 성격이 고민이에요
어떻게 하면 춤을 좀 쉽게 시작할 수 있을까요?

춤을 잘 춘다는 기준은 뭐예요?

춤을 잘 추려면 몸매가 좋아야 하나요?

팝핀, 락킹이 뭐예요?

오디션에 잘 통하는 춤이 있을까요?

꼭 댄스 아카데미를 다녀야 하나요?

자세가 잘못됐다고 지적을 자주 받아요

스스로 안무를 만들고 싶은데 어떻게 해야 하나요?

실력이 늘지 않아 고민이에요

춤출 때는 목소리가 잘 안 나와요

춤을 배우면 어떤 진로로 나갈 수 있을까요?

★스타를 만드는 사람들 성공하는 가수들은 공통점이 있다_내가네트워크 이사 겸
작곡가 윤일상

Track 5   오디션 합격의 노하우 ③ 랩 196

내가네트워크의 엣지 랩 트레이닝

말만 빨리 하면 랩이라고?

랩, 도대체 어떻게 해야 하나요?

랩을 배울 수 있는 아카데미가 있나요?

리듬은 좀 타는데, 랩메이킹은 엄두가 안 나요

소재는 어디서 찾나요?

프리스타일로 해볼래?

심사위원들이 좋아하는 랩 노래는 뭔가요?

타이거 JK처럼 영어랩도 자유자재로 할 줄 알아야겠죠?

랩을 할 때, 호흡까지 컨트롤한다면 더 멋있지 않을까요?

톤이나 스타일은 어떻게 만들어요?

성대를 위해서 무엇을 해야 하죠?

Put Your Hands up! 손짓 하나로 사람들을 열광시키고 싶어요!

Track 6 연습생 24시간 따라잡기 242

연습생은 어떤 기준으로 뽑나요?
연습생이 된 후에도 퇴출될 수 있나요?
아이돌 그룹들은 어떤 연습생 과정을 거쳐 가수가 됐나요?
연습생이 되면 뭐가 달라지나요?
연습생 숙소가 따로 있나요?
연습생 기간은 보통 얼마나 되죠?
1등 연습생은 무엇이 다른가요?
연습생은 하루 몇 시간씩 연습하나요?
연습생은 어떤 관리를 받나요?
가수들은 다 날씬하고 예쁜데, 다이어트와 성형도 해야 하나요?
연습생인데, 더 큰 기획사에서 연락이 왔어요. 어떻게 하죠?
★스타를 만드는 사람들 우리는 이런 연습생을 원한다 - TS엔터테인먼트 신인개
발팀 실장 신영균

Track 7 리틀즈가 공개하는
가수 데뷔 6가지 법칙 282

꿈만 꾸고 있어선 안 된다, 무조건 오디션에 나가보자
연습생이 되는 순간, 사회생활도 시작된다
나이가 어려도 프로여야 한다
덜 아프려면 스스로 왕따 되기
연습 스트레스도 견딜 줄 알아야 한다
최고의 연습생은 꿈만 꾸지 않는다

에필로그 - 가수를 꿈꾸는 친구들에게 꼭 들려주고 싶은 이야기

Track 1

스타는 우연히
탄생되지 않았다

가수를 꿈꾸는 당신에게 들려주고 싶은 첫 이야기는, 불행히도 아주 냉정하고 현실적인 이야기다. 실제 아이돌 그룹이 출연해 인기를 끈 〈드림하이〉라는 드라마가 있었다. 가수가 되기 위해 예술고등학교에 진학한 학생들의 이야기를 그린 이 드라마는 그들이 각자의 재능과 노력을 통해 스타의 꿈을 향해 조금씩 성장해나가는 모습을 보여주었다.

이 드라마를 보면서 심장 두근거리며 '아, 나도 연예인이 되고 싶다.', '나도 저렇게 열정적이고 꿈을 향해 노력하며 살고 싶다.'라고 생각한 친구들도 꽤 있을 것이다. 그런데 문제는 드라마는 드라마일 뿐이라는 것이다.

현실에서는, 그들의 흥미진진한 성장 과정과 연예계 데뷔

사이에는 '기획사'라는 존재가 있다. 스타는 태어나는 것이 아니라 만들어지는 것이다. 물론 100퍼센트 천재적인 기질을 타고난 소수도 있지만 극히 일부에 불과하다. 대부분 어느 정도의 재능과 끼가 있다면 체계적이고 전문적인 트레이닝, 철저한 마케팅과 기획에 의해 스타가 될 수 있다. 이렇게 '스타'를 만들어내는 곳이 바로 기획사다.

예전에는 가수가 노래만 잘하면 됐다. 앨범 한 장 잘 만들면 100만 장 이상 팔리면서 부와 인기를 동시에 얻을 수 있는 시대였다. 그때는 기획사가 가수에게 담당 매니저를 붙여주고, 스케줄을 관리하고, 방송국에 소속 연예인을 소개시키는 게 하는 일의 전부였는지 모르겠다.

그런데 최근에는 앨범 10만 장 팔기가 하늘의 별 따기다. 음반만 팔아서는 가수도 기획사도 먹고살기 힘든 세상이 된 것이다. 그렇다 보니 한 연예인을 통해서 얻을 수 있는 수익 구조가 확대되기 시작한다. 드라마, 영화, 광고, 휴대전화, 온라인 음악 사이트에 쓰이는 음원 수익, 화보집, 지면광고 등 연예인의 얼굴을 통해서 얻을 수 있는 수익, 드라마나 영화에 연기자로 데뷔하면서 얻는 수익, CF 출연에 대한 수익, 콘서트, 팬 미팅, 예능 프로그램 출연에 대한 수익…….

이제 더 이상 가수는 노래를 잘하는 것만으로는 안 된다. 작사 작곡을 잘하거나 얼굴이 예쁘고 잘생겼거나 연기를 잘한다거나 예능감까지 있어야 한다. 소녀시대나 동방신기, 2NE1, 슈퍼주니어, 보아, 비, 빅뱅까지. 잘나가는 스타들의 공통점이다.

그렇기 때문에 개인이 타고난 재능 자체보다 그걸 발굴하여 트레이닝을 시키고 대중에게 노출시키는 기획사의 영향력과 능력이 점점 더 커지고 있는 것이다. 기획사는 대중들의 취향을 안다. 어느 트렌드에 열광하고 어떤 가수와 배우를 원하는지 항상 공부하고 연구해야 한다. 또 예능 프로그램, 음악 프로그램, 라디오 등 어떤 채널에 연예인을 홍보해야 효과적인지도 잘 안다. 수시로 대중들의 반응을 모니터링하면서 그 가수에 맞는 노래가 무엇인지, 춤이 뭔지를 고민하는 게 기획사가 하는 일이다.

냉정하게 들리겠지만 당신이 이것저것 잘하는 스타가 되어갈수록, 대중에게 더 많은 인기를 얻을수록, 또 활동하는 범위가 점점 더 늘어날수록 회사의 이익이 커진다.

기획사는 자선단체가 아니다. 연예계 자체가 화려하고 이목을 많이 끌기 때문에 환상을 갖고 이 세계에 들어서는 것은 무척 위험하다. 그런 환상들이 뉴스에서 실

시간 터지는 기획사 사기 사건이나 성폭행 사건, 주가 조작 사건 등을 만들어낸다. 이런 사람들이 몰릴수록 중구난방으로 기획사들이 만들어지고 경쟁은 치열해져, 순간의 인기에만 연연하는 연예인들을 기획하기 쉽다. 그런 만큼 대중은 좋은 음악을 들을 가능성이 줄어든다.

가수를 꿈꾸는 사람일수록 이런 기획사의 시스템을 아는 건 무척 중요하다. 가수를 특별한 존재라고 느끼지 말자. 좋은 음악을 만들기 위해 다른 팀원들과 함께 고민하고 노력하는 일원으로 생각하자. 거기에 가수는 대중들의 사랑을 직접적으로 느끼고 공유한다는 특별한 장점이 덧붙여지는 거다.

천부적인 재능을 타고난 당신과 재능은 좀 적더라도 겸손하고 인간미를 지닌 당신 중, 기획사 입장에서 '누구를 선택하겠느냐'라고 물으면 당연히 두 번째 당신이다.

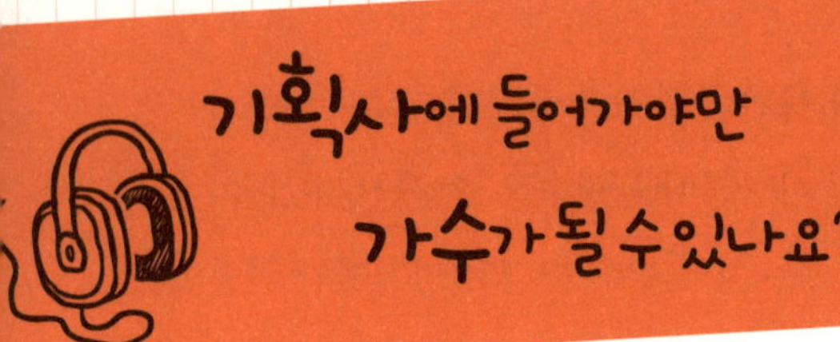

가수가 될 수 있는 방법에는 여러 가지가 있다. 기획사 오디션부터 각종 가요제, TV오디션까지. 먼저 기획사에서는 어떻게 신인을 발굴하는지 알아보자.

모든 기획사에는 '신인개발팀'이 있다. 주로 캐스팅을 담당하는 이들은 회사의 공식 오디션 이메일과 우편을 확인한다. "어떻게 그 많은 메일을 일일이 다 읽어요?" 하는 사람도 있을 테지만 실제 보내온 이메일은 한 통도 빠짐없이 다 읽는다. 우리가 알고 있는 가수들 대부분은 기획사 오디션 출신이다. 지금은 대중들의 사랑을 한 몸에 독차지하지만 그들 역시 기획사의 높은 문을 열기 위해 이메일을 보내고 또 보냈다. 간혹 인기가수의 인터뷰에서 '예전에 어느 회사 오디션에서 떨어졌어요' 하는 기사를 접해보았을 것이다. 스타를 놓친 그 기획사는 자신들의 뼈아픈 실수에 후회를 할 것이다. 신인개발팀이 이메일을 제대로 확인하지 않아서, 또는 오디션에서 그 가능성을 알아보지 못해서 스타를 놓친다면 얼마나 억울할까? 이런 일을 방지하기 위해서 신인개발팀은 한 통의 오디션 지원서도 놓치지 않으려고 꼼꼼하게 메일과 우편을 체크한다.

스타를 발굴하려는 기획사의 노력은 상상을 초월한다. 그들의 눈에는 장소를 불문하고 가능성 있는 인재들이 보인다. 가요제에서도 그렇고, 오디션 방송에서 아쉽게 떨어진 친구도 그렇고, 뉴스에 잠깐 얼굴을 비추었거나 거리를 걸을 때에도 눈에 확 띄는 친구들이 보인다. 학교 앞 커피숍에 앉아 하루 종일 학생들을 관찰하기도 한다. 보석이 될 수 있는 원석을 다른 기획사보다 빨리 찾아내기 위해 신인개발팀은 백방으로 뛰어다닌다.

기획사 오디션 말고 가수가 되기 위한 다른 방법은 없을까? **첫 번째, 가요제를 노려볼 만하다.** 신해철, 김동률, 장윤정 등 수많은 가수들이 가요제를 통해 데뷔했다. 최근에는 슈퍼주니어 '규현', '려욱', 티아라 '소연' 등을 배출해낸 〈친친가요제〉를 포함하여 시즌별, 지역별 등 규모에 상관없이 여러 가요제에는 수많은 캐스팅 담당자와 스태프들, 음반 업계 관계자들이 캐스팅을 위해 대기하고 있다. 가요제는 여러 가지 제약이 있다. 발성이 쉽지 않은 야외무대에서, 수많은 관객들 앞에 서서 긴장하지 않고 음악성을 내보여야 한다는 한계가 있는 만큼 역동적이고 재능 많은 인재를 찾아낼 가능성도 크다.

두 번째, 캐스팅을 위해 자주 찾는 또 다른 곳은 가수 지망생들이 모여서 연습하고 있는 아카데미다. 실제로 아카데미는 연습생으로 합격하는 비율이 가장 높은데, 기획사가 원하면 아카데미에서 오디션을 열어 수강생들을 직접 심사하기도 한다. 아카데미의 합격률이 높은 이유는 전문 트레이너에게 얼마간 맞춤 교육을 받은 상태라 기본기 탄탄한 인재를 만날 확률이 높기 때문이다.

인터넷 포털사이트에 보컬 전문 레슨, 보컬 아카데미, 실용음악학원을 검색하면 쉽게 찾을 수 있다. 주의할 점은 실용음악과 입시를 위한 레슨과 가수가 되기 위한 레슨이 구분되어 있다는 것이다. 입시 레슨은 대학에서 원하는 기준에 따라 커리큘럼이 구성되어 있기에 가수 지망생 레슨과는 많이 다르다. 워낙 많은 아카데미가 있어 선택하기 쉽지 않을 것이다. 이때에는 평소 자신이 좋아하는 가수와 작업을 해보았는지, 현재도 앨범 작업에 참여하고 있는지를 기준으로 트레이너를 선택한다.

세 번째, 가정환경 등의 이유로 전문 교육을 받을 수 없는 상황이라면 각 기획사의 공개 오디션을 이용하는 게 좋겠다. 가수 지망생이라면 한 번씩 관심을 가져봤을 'SM토요공개 오디션'을 비롯해 웬만한 기획사들은 매주 또는 매월 공개 오디션을 열어 인재를 발굴한다. 공개 오디션의 장점은 현장접수가 가능하며 서류심사 없이 오디션을 본다는 것이다. 현장에서 먼저 이름과 생년월일 등 기본 인적사항을 적은 지원서를 접수하는데, 그게 1차 서류심사다. 그리고 그날 보는 오디션을 2차 심사라고 생각하면 된다. 2차 심사까지 합격하면 심사위원 면접을 보고 카메라 테스트를 받는다.

물론 공개 오디션에서 연습생까지 한 번에 합격하기는 쉽지 않다. 유명 기획사 오디션의 경우 적게는 100명, 많게는 300~400명이 오기 때문에 심사위원들의 기준도 매우 까다롭다. 경쟁률을 따지면 보통 150대 1, 많게는 400대 1일 때도 있다. 따라서 한 번의 실패로 좌절하지 말고 꾸준한 연습과 함께 다양한 기획사에 도전할 의지가 필요하다.

각 기획사들은 수시로 비공개 오디션도 보는데, 앞서 말한

대로 이메일과 우편으로 접수된 지원서와 MR, 영상을 확인한 후 가능성 있는 지원자에게 개별 연락을 한다. 이때 오디션은 캐스팅 담당자와 지원자, 1대 1로 이루어지기 때문에 좀 더 세심한 오디션을 볼 수 있다는 장점이 있다.

네 번째, 역사로 치면 가장 오래 된 '길거리 캐스팅'도 빼놓을 수 없다. 배우 한가인은 〈도전 골든벨〉에 출연하여 많은 기획사의 러브콜을 받았고, 가수 이효리나 김현중, 배우 정우성과 이민정도 모두 길거리 캐스팅으로 데뷔했다.

길거리 캐스팅 되는 방법은 딱 한 가지다. 바로 외모. 종종 연예인 지망생들에게 "어디로 가면 길거리 캐스팅을 많이 받을 수 있나요?", "청담동에 자주 가면 길거리 캐스팅 될 수 있나요?" 같은 질문을 받는데, 스스로 외모에 자신이 없다면 아예 기대하지 않는 게 좋다. 김현중이나 이효리는 아르바이트하던 카페나 패밀리레스토랑에 팬클럽이 형성돼 있을 정도였다. 보통 기획사 캐스팅 담당자는 그런 정보를 듣고 직접 찾아가서 캐스팅한다. 따라서 그 정도의 외모가 아니라면 누군가 길을 걷고 있던 나를 발견하고, 캐스팅할 거라는 기대는 처음부터 버리자. 최근에 들어서는 외모보다는 끼와 재능, 개성이 중시되고 있기 때문에 남들보다 좀 더 외모가 낫다고 자만하지 말고, 반대로 외모가 뛰어나지 않다고 좌절하지도 말고 가수에게 필요한 재능을 키우는 데 중점을 둬라.

　　다섯 번째, **최근 가장 주목을 받는 건 역시 각 방송사들의 오디션 프로그램들**이다. 〈슈퍼스타K〉, 〈위대한 탄생〉, 〈K팝스타〉, 〈보이스 오브 코리아〉 등의 오디션 프로그램은 서인국, 허각, 버스커버스커, 울랄라세션, 장재인, 백청강 등 재능 있는 신인들을 발굴했고, 이들은 현재 앨범을 내고 활발하게 활동 중이다. 방송 때마다 실시간 검색어에 오르며 수많은 팬들을 만들었고 예능 프로그램과 CF, 드라마에까지 진출하고 있다.

　　오디션 프로그램에 출연한 가수들에 열광하는 이유는 뛰어난 가창력에도 불구하고 외모, 가정환경, 나이 등을 이유로 가수가 되지 못했던 사람들이 꿈을 이루었다는 점에 있다. '노래는 잘하지만 예뻐야만 가수가 되는 거 아닌가?', '가수가 되려면 돈이 많이 필요하다던데, 우리 집은 그럴 만한 형편이 못돼.'라고 생각했던 당신이라면 도전해볼 만하다. 방송 프로그램의 특성상 극적인 재미를 추구하며 경쟁 구도를 만들고, 다양한 미션을 주기 때문에 각 단계를 올라갈수록 대중들에게 가창력과 음악성 면에서 인정을 받을 수 있다. 또 대중적 인지도를 미리 확보하기 때문에 데뷔를 좀 더 쉽게 할 수 있다는 장점도 있다.

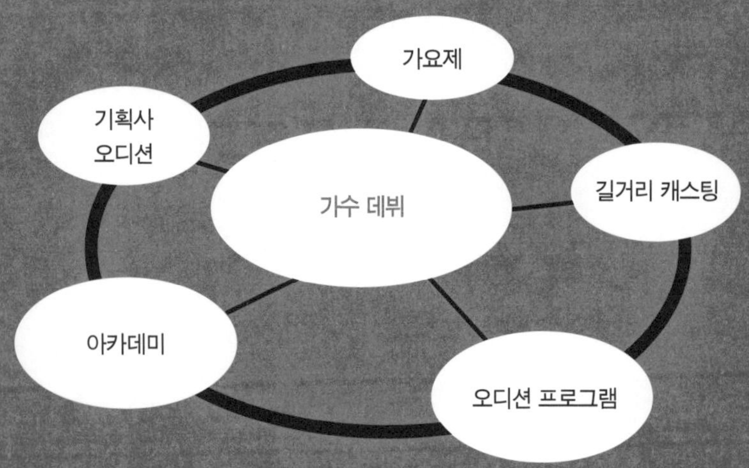
가요제
기획사
오디션
길거리 캐스팅
가수 데뷔
아카데미
오디션 프로그램

"정말 가수가 될 수 있는 거예요? 어떻게 믿어요?"

기획사의 오디션과 캐스팅 실무를 담당하는 신인개발팀 팀장이 가장 많이 듣는 말이다. 아카데미에서 레슨 받는 가수 지망생이나 오디션 프로그램 참가자들로부터 꼭 이런 질문을 받곤 한다. 그리고 흔히 말하는 '길거리 캐스팅'을 위해 가능성 있는 친구에게 접근(?)했을 때에도 이런 반응이 온다.

윤일상 프로듀서와 브아걸이 소속된 오랜 역사를 자랑하는 기획사인 내가네트워크조차도 이렇게 말한다. '절대로 믿지 마라!'

연예계라는 데가 워낙 화려하고 선망의 대상이 되기 때문에 '가수 시켜준다', '탤런트 시켜준다'라고 하면 누구나 솔깃하기 쉽다. 레슨비다 트레이닝비다 하며 연습생에게 수천만 원의 돈을 요구하는 기획사도 있고, 심지어 기획사 대표나 임원이 연습생을 성폭행, 성추행하는 사건도 심심치 않게 발생한다. 방송에 출연할 때마다 돈을 요구하기도 하고, 그럴싸한 이름을 만들어놓고 투자자들을 유치하다 돈만 챙겨 튀는 일명 '유령회사'들도 꾸준히 문제가 된다. 가수 '아이유'도 데뷔 전 돈을 내면 연습도 시켜주고 방송 출연도 시켜주겠다는 기획사에 돈을 줬다가 다음날 회사가 없어져버리는 황당한 경험을 했다고 한다. 이런 뉴스와 스캔들이 터질 때마다 같은 업계에 종사하는 회사로서 참 답답하고 부끄럽기도 하다.

그러니까 절대 믿지 마라! 특히 10대 학생들이라면 더더욱 감언이설에 속지 않도록 주의하자. 내가네트워크를 비롯해 제대로 된 신인개발팀 담당자라면 절대 달콤한 말을 하지 않는다. '가능성 있어 보인다', '외모가 무척 뛰어나다', '연예인 할 수 있다' 등등. 이런 건 실제로 오디션을 보지 않는 이상 알 수 없다. 진짜 기획사 캐스팅 담당자는 일단 명함을 주며 회사에 대해 개략적인 설명을 해주고, 회사 소속 연예인들을 말해준다. 그리고 오디션을 보러 오라고 제안한다. 그게 끝이다. '지금 당장, 사무실에 가자', '스튜디오에 가서 사진을 찍어보자’, ‘어디 가서 차를 마시자’ 등등 이런 제안은 절대 하지 않는다.

자, 이제 오디션을 한번 보자는 제안을 받은 당신은 무엇을 해야 할까? 당장 연예인이 되어 쏟아질 스포트라이트를 기대하며 한껏 부풀겠지만 당신이 가장 먼저 해야 할 일은 ‘인터넷 검색’이다. 명함에 쓰여 있는 기획사 이름과 팀장 이름을 검색해볼 것! 지금 당장 인터넷에 ‘내가네트워크’를 검색해봐도 내가네트워크 신인개발팀 팀장 이름과 홈페이지 및 위키백과사전 정보, 소속 가수 등의 회사 정보가 주르륵 나온다. 이 정도 확인됐다면 오디션은 보러 가도 좋다.

그럼 오디션 현장에서는 어떨까? 마찬가지다. 사기성 짙은 기획사들은 칭찬 일색에 달콤한 말들을 주로 늘어놓는다. ‘목소리가 좋다’, ‘끼가 넘친다’, ‘카메라를 잘 받는다’ 등등. 하지만 기획사들은 이런 말은 잘 안 한다. 왜 하지 않을까? 아직 다듬어지지 않은 가수 지망생들에게 이런 평가가 무슨 소용이 있겠는가. 그들은 참가자들의 꾸미지 않은 모습을 매력으로 본다.

사기성 오디션의 또 하나의 특징은 계약 이야기를 ‘바로’ 꺼낸다는 것이다. ‘연습생이 되려면 보증금이 필요하다’, ‘트레이닝도 해야 하고, 프로필 촬영도 해야 한다’, ‘연습이 종료되거나 데뷔할 때 보증금은 돌려준다' 이런 식으로 가수 지 망생들에게 접근한다. 정확히 알아두자. 전문 기획사는 절대 연습생에게 돈을 받지 않는다.

　연습생이 되면 회사에서 본인에게 맞는 레슨과 스케줄을 짜주기 때문에 정해진 트레이닝 외의 학원을 다닐 필요도 없을 뿐더러 별도의 학원을 다닐 시간조차 낼 수 없다. 그리고 교통비나 간식비 외의 모든 트레이닝 비용은 모두 회사가 부담한다. 따라서 만일 과외로 학원에 다닐 것을 요구하는 회사가 있다면 반드시 그 회사를 의심해보자. 일정한 수강료를 주고 전문적으로 노래와 춤을 배우는 실용음악학원이나 아카데미와 연예인을 직접 발굴하여 트레이닝하고 데뷔시키는 기획사는 철저히 다르다는 것을 분명히 기억하자.

　사기를 피하기 위한 또 다른 조건은 부모님과 함께 오디션을 보러 가는 것이다. 종종 부모님이 반대해서 오디션을 몰래 보러 왔다는 가수 지망생들이 있다. 연예인이 되고 싶다는 꿈에 부푼 어린 친구들은 객관적인 시선을 갖기 힘들다. 오디션에 합격했다는 기획사 관계자의 말에 들떠 부모님을 졸라 돈을 대달라고 조르기 일쑤다.

　'에이, 설마……'라고 생각하겠지만 절대 남의 이야기가

| 전문 기획사에 들어가기 위해 반드시 확인해야 할 것들 |

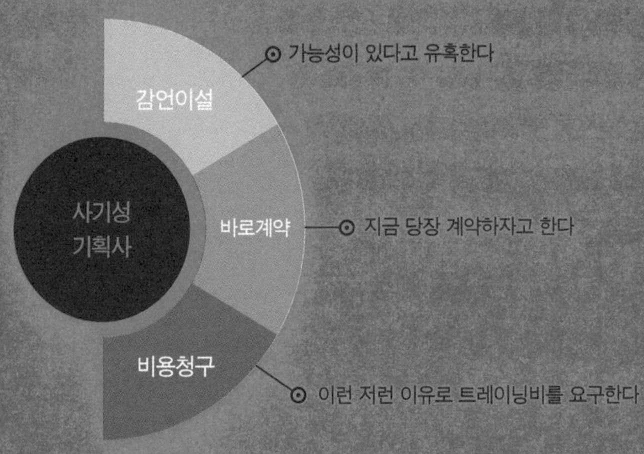

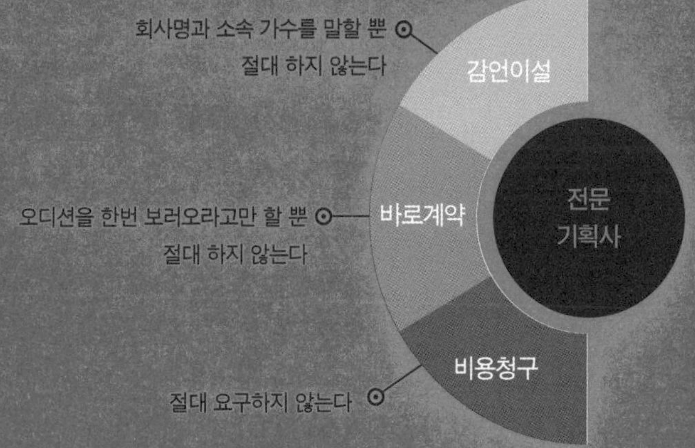

아니다. 예전에야 사기성 짙은 회사들이 초라한 간판에 다 스러
져가는 사무실에 수상한 기운을 풍겼지만 요즘은 강남 한복판
에 번듯하게 사무실을 차려놓고, 화려한 인테리어에 비싼 정장
을 입고 가수 지망생들을 유혹한다. 그러니까 확인하고 또 확인
할 것! 이것이 좋은 기획사를 알아보는 기본이다.

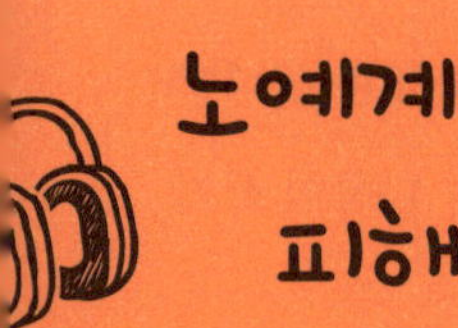

한때 큰 인기를 누리던 A라는 그룹은 현재 두 그룹으로 갈라졌다. 두 명의 멤버는 B로, 나머지 멤버는 C라는 이름으로 활동하고 있는데, 그룹 A는 외모뿐만 아니라 춤과 노래에서도 상당한 실력을 가진 아이돌 그룹으로서 우리나라를 비롯해 일본, 태국 등 아시아 전역에서 엄청난 인기를 누렸다. 이랬던 그들이 왜 갈라졌을까? 몇 년 전 많은 매체들에서 그룹 A와 소속사 간의 법정 다툼을 보도했다. 법정 다툼의 주 이유는 '계약' 때문이었다. 이 사건은 많은 팬들을 울리며 '연예인 노예계약'의 문제점을 상기시켰다.

소속사와의 갈등은 소속사와 연예인의 수익 배분 문제에서 주로 생긴다. 소속사 입장에서는 연예인 한 명 키우는 데 많은 돈이 드는 만큼 회사 전체 수익 구조를 우선시하고, 연예인은 개개인의 수입을 중요시 여기기 때문에 이러한 다툼이 생기는 것이다.

연습생이 되면 소속사와 계약서를 쓴다. 그런데 문제는 연습생이 관련 조항을 하나라도 위반할 때는 위약금을 물어야 하고, 위치 알림이나 소속사 동의 없이는 계약 파기나 은퇴도 못하는 인권침해 조항도 포함되어 있다는 것이다. 연예인을 방송에 출연시킨 후 출연료를 기획사가 전부 갖는다거나 소속 가수가 만든 노래에 대한 권리를 기획사 앞으로 명시해 가수가 기획사를 탈퇴하면 자신이 만든 노래마저도 기획사 허락 없이 마음대로 부르지 못하는 경우도 있었다.

수익 배분과 소속 기간에 대해서도 기획사에 유리하게 되어 있는 경우가 많았다. 특히 한 대형 기획사도 전속 계약 기간을 데뷔 이후 10년, 계약일로부터 13년 등으로 정해놓아 종신계약이 아니냐는 비판을 꾸준히 받아왔다. 이런 문제가 끊이지 않자 2008년부터 세 차례에 걸쳐 공정거래위원회가 국내 기획사들을 상대로 연예인 계약 실태 조사를 하고 연습생이나 연예인에게 불리한 조항들을 수정하도록 했다. 또 표준전속 계약서를 만들어 공평한 계약 기준을 만들었다.

물론 기획사의 입장에서는 인지도 없는 신인을 수년간 트레이닝시켰는데, 다른 기획사에서 낚아채가거나 아이돌 그룹의 경우 팀을 구성해 연습까지 하고 있는데 보컬만 빼가면 나머지 멤버들은 자연스럽게 해산할 수밖에 없는 현실에 놓인다. 대형 기획사야 자본력이 있으니 큰 문제가 아닐 수 있지만 중소형 기획사는 회사가 휘청거릴 만큼 손해가 크다.

이러한 기획사의 입장과 가수 데뷔를 준비하는 개인의 입장을 충분히 알아두는 게 좋겠다. 하루 빨리 음반을 내고 방송에 나오고 싶어서 뭔가 불리해 보임에도 계약서에 사인하는 조급함도 버리자.

회사마다 계약서 양식이 다르지만 내가네크워크를 기준으로 하면 다른 계약서를 쓸 때 어느 정도 기준을 가질 수 있을 것이다. 내가네트워크에는 두 가지 계약이 있다. 연습생 계약과 전속 계약이다.

연습생 계약은 말 그대로 회사에 소속된 연습생이 되었다는 것을 명시하는 계약서로, 연습생으로서 지켜야 할 조항들을 몇 가지 추가해놓고 있다. 가장 주의 깊게 봐야 할 것은 계약 기간과 수익 부분이다. 아무리 연습생 계약이라고 하더라고 계약 기간은 정해두고 계약하는 것이 좋다.

그리고 기간이 다 되었을 때는 양측 합의하에 연장하는 것이 좋다. 만약 계약 기간 없이 계약을 한다면 10년 이상 연습생을 지속할 경우에도 본인이 그만두고 싶어도 중단할 수가 없다.

계약 기간이 3개월 정도로 매우 짧은 경우도 있다. 이런 경우는 가수로서의 가능성이 없지는 않지만 연습을 좀 더 시켜보면서 가능성을 보려고 하는 경우다. 이때 연습생 기간을 연장하는 것은 본인 몫이다. 회사에서 3개월의 시간을 준 만큼 발전된 모습을 보여준다면 기간 연장에는 큰 무리가 없다.

연습생 계약의 또 다른 점은 수익 배분의 조항이 없다는 것이다. 따라서 연습생으로 활동하다가 CF나 뮤직비디오를 찍는 등 수익이 발생할 경우 기획사에 전속 계약을 체결하자고 요구한다. 자신으로 인해 수익이 발생했으니 전속 계약을 하는 것은 당연한 일이다. 그렇다고 한 번 이익이 났다고 바로 전속 계약을 요구하는 것도 바보 같은 짓이다. 수익이 발생했더라도 우선은 회사에서 자신에게 투자한 트레이닝비에서 차감되는 것이다. 이 부분을 고려하지 않고 수익 배분에만 연연한다면 어느 기획사도 좋아하지 않는다. 돈을 많이 벌고 싶다면 연습생 때부터 돈을 고려하기보다는 연습에 좀 더 치중해 하루라도 빨리 가수가 되라고 말하고 싶다. 그리고 미성년자라면 반드시 법적 대리인(보호자)과 함께 계약서에 도장을 찍어야 한다.

두 번째 계약은 회사의 전속 가수가 되었을 때 체결하는 전속 계약이다. 이 계약 역시 계약 기간과 수익 배분이 중요하다. 공정거래위원회가 표준계약서에서 제시한 계약 기간은 5년이다. 이 부분은 법적으로 정해진 건 아니라서 7년, 9년 등 기획사의 기준에 따라서 달라질 수 있기 때문에 계약을 할 때는 5~7년 정도의 기준을 갖는 게 좋겠다.

수익 배분 부분은 기획사와 연습생에 따라 모두 다르며, 쉽게 공개할 수 없는 부분이다. 기획사는 연습생의 성공 여부를 전혀 알 수 없기 때문에 조금은 연습생에게 불리한 조건을 제시할 수밖에 없다. 기획사와 연습생의 비율을 7대 3 정도로 잡고, 재계약할 때 수익 분배 비율을 늘리면서 계약하도록 한다.

덧붙여 확인해야 할 부분이 재계약 부분이다. 첫 계약 이후 성공리에 데뷔하고 기획사와 가수 모두가 수익을 내는 지점에 도달할 경우 불리했던 계약 조항을 바꾸거나 계약 해지를 할 수 있는지 확인하면 된다.

여러 가지 문제점이 있겠지만 기획사와 가수는 일방적으로 이득을 취하고 누가 누구를 돈벌이 수단으로 이용하는 그런 관계가 아니다. 기획사는 가능성 있는 인재를 찾아 각종 트레이닝을 통해 가수로 키워주고, 가수는 꾸준히 노력해 대중에게 사랑받는 가수가 되는 게 기본이다. 따라서 돈이나 이익을 떠나서 서로의 입장을 이해하고 존중한다면 연예계가 훨씬 투명해지지 않을까?

누구는 솔로로, 누구는 팀으로 데뷔하는 이유가 뭐죠?

최근 음악시장은 소녀시대, 카라 등의 걸그룹이나 비스트, 2PM, 샤이니 같은 남자 아이돌 그룹이 대세다 보니 많은 연습생들이 상당수 그룹으로 데뷔한다. 하지만 아이유, 보아, 나비처럼 솔로로 데뷔하는 가수도 있다. '나는 홀로 무대에 서고 싶어', '나는 다른 멤버들과의 안무에 맞춰 춤을 잘 출 자신이 있으니 그룹이 좋아' 등 각자 꿈꾸는 바가 다르겠지만 어떤 연습생을 그룹으로, 어떤 연습생을 솔로로 데뷔시킬지를 결정하는 건 기획사다. 이는 기획사의 주요한 역할이라 할 수 있다.

기획사에는 대개 A&R팀이 있다. 'Artist and Repertoire'의 줄임말로, 가수에게 가장 잘 어울리는 콘셉트와 음악을 기획하는 팀이다. 또한 음반 기획부터 음반이 발매된 후까지 모든 과정을 기획하고 제작한다.

최근 내가네트워크에서 앨범을 준비 중인 신인 그룹 '리틀즈'를 예를 들어 설명해보자. A&R팀은 기본적으로 대중들의 트렌드를 꿰고 있어야 한다. 리틀즈 A&R팀의 기획 포인트는 대중들이 구분할 수 없을 정도로 걸그룹이 홍수처럼 쏟아져 나와 식상함을 느끼고 있다는 점이었다. 그렇다면 군무와 화려한 의상 대신 가수가 지녀야 할 가장 기본 자질인 가창력이 매우 뛰어난 진짜 '걸스girls'가 무대에서 진지하게 노래를 한다면 비슷비슷한 걸그룹 속에서 뜰 수 있지 않을까? '걸스'가 되려면 한 명만으로는 부족하다. 정말 '소녀'로 어필할 수 있는 14~15살들로 구성된 그룹을 만들어야겠다는 생각에서 '리틀즈'가 탄생했다.

마침 내가네트워크에는 〈위대한 탄생2〉 출신의 천재소녀 '신예림'이 연습을 하고 있었고 이 친구 정도면 가능성이 있겠다 싶어 신예림과 비슷한 또래 중에서 실력을 갖춘 연습생들을 눈여겨보기 시작했다. 신인개발팀과 A&R팀이 오랜 회의를 거쳐 초등학생 고학년 연습생부터 중학생 연습생까지 네 명의 연습생을 선발했다. 이렇게 선발된 1차 합격생 네 명을 대상으로 이 앨범 프로듀서를 담당한 윤일상 작곡가와 스태프들이 9개월

이 넘는 기간 동안 습득력, 가능성, 발전 속도 등을 체크하여 최종적으로 신예림, 송한희, 김하은 세 명의 친구들을 선발했다.

신예림과 송한희, 김하은을 그룹으로 최종 결정한 데는 분명한 이유들이 있었다. 신예림의 경우 15세의 나이에는 나올 수 없는 가창력과 음악에 대한 진지함이 남달랐다. 송한희는 가장 늦게 연습생을 시작했음에도 습득력이 빨라 가르치는 대로 모두 흡수하고, 단점을 지적 받으면 빠르게 교정하며 급속도로 성장했다. 마지막으로 김하은은 타고난 매력적인 허스키 보이스를 지니고 있었고 1년 10개월의 연습생 기간 동안 단 한 번도 지각하거나 연습을 빠지는 일이 없었다.

또한 이 세 명은 회사 스태프들과 대화할 때를 제외하고는 귀에서 이어폰을 빼놓지 않았다. 밥 먹을 때도, 화장실을 갈 때도 항상 이어폰을 끼고 연습곡이나 배워야 할 곡을 들었다. 게다가 매 레슨 시간마다 성실한 태도를 보여주고 다음 레슨 때까지 숙제를 완벽히 마스터해왔다. 이 소녀들은 음악에 대한 열정이 뛰어나고, 몸이 힘들어도 연습을 게을리하지 않았다.

이렇게 솔로로 데뷔하느냐, 그룹으로 데뷔하느냐는 A&R팀의 기획에 따르며, 누구를 어떻게 데뷔시킬 것인가에 대해서 기획사는 오랜 시간에 걸쳐 꼼꼼히 검토하고 고민한 뒤 결정한다. 이 결정에는 사실 연습생의 인생이 달려 있다고 해도 과언이 아니다. '앞으로 어떤 가수로 사느냐'가 바로 이 부분에서 결정되기 때문이다.

앨범이 기획되고 그룹 멤버가 결정되면 본격적인 프로듀싱 작업이 들어간다. 프로듀싱 작업은 먼저 앨범 콘셉트에 맞는 작곡가를 섭외하는 데서 시작된다. 작곡가가 노래를 만들어 가이드 녹음을 해서 A&R팀에 전달하면 멜로디나 편곡 등을 함께 수정하여 좀 더 노래를 다듬는다. 이렇게 노래가 만들어지면 작사가들에게 가사를 공모하여 곡의 느낌이 가장 잘 사는 가사를 선택한다.

앞서 소개한 그룹 '리틀즈'의 프로듀서는 윤일상 작곡가로, 기획 단계부터 A&R팀과 함께 음악 장르와 색깔에 대해 고민해왔다. 윤일상 프로듀서가 여러 느낌의 곡을 만들어오면 리틀즈는 가장 먼저 녹음을 했다. 이 곡이 '리틀즈' 목소리와 콘셉트와 잘 맞는지, 그들의 모든 것을 보여줄 수 있는지를 확인할 수 있는 빠른 방법은 녹음 후 모니터하는 것이다.

이렇게 곡이 결정된 뒤에는 곡의 퀄리티를 높이기 위해 코러스 녹음이나 악기 연주를 녹음해야 하는데, '리틀즈' 앨범의 경우에는 기타와 스트링 연주 세션이 들어갔다.

녹음 작업이 끝나면 전체적으로 앨범을 다듬는 작업을 하는데, 이것을 믹싱Mixing, 마스터링Mastering이라고 한다. 믹싱이란 전문 엔지니어가 음악에 들어가는 소스(보컬, 드럼, 피아노 소리 등)들을 듣기 좋게 정리하여 최종으로 두 개의 트랙에 묶어 작업하는 것이다. 마스터링은 믹싱된 수록곡들을 전문 엔지니어가 전체적인 밸런스를 조절하는 과정이다. 이 두 단계를 거치면 음악 작업은 끝난다.

그 다음 단계에서는 앨범 콘셉트와 음악을 돋보이도록 하는 비주얼 작업들이 이어진다. 기획 단계에서 공유했던 콘셉트는 유지하되 대중의 눈에 어떻게 보일 것인가는 이 시점에서 결정해야 한다. 시각적으로 어필하는 부분이기 때문에 가장 많은 인력과 시간이 들어가는 과정이기도 하다.

리틀즈의 경우, 기획 단계에서의 콘셉트가 '리얼 걸스의 리얼 가창력'이었기 때문에 인위적인 꾸밈없이 순수하게 노래 잘하는 모습을 보여주는 데 중점을 두었다.

뮤직비디오에서도 억지로 귀여운 척이나 깜찍한 척을 하지 않도록 했다. 꾸미지 않아도 예쁜 어린 소녀들을 인위적으로 포장하면 오히려 그 순수한 느낌이 줄어들 거라 판단했기 때문이다. 따라서 뮤직비디오는 '리틀즈'가 진지하게 노래를 부르는 모습에 좀 더 초점을 두었다.

_리틀즈 콘셉트 회의 중인 스태프들

이렇게 앨범이 준비되고 나면 본격적인 마케팅에 들어간다. 좋은 음악과 앨범을 만드는 것도 중요하지만 대중들이 제대로 그 음반을 접하지 못한다면 노래들은 생명력을 잃는다. 따라서 음반을 어떻게 하면 더 많은 대중에게 알리고 듣게 만드는지가 점점 더 중요해지고 있다.

특히 인터넷과 SNS가 발달하면서 대중들이 신인가수의 정보를 쉽게 접할 수 있게 되었다. 그렇기에 마케팅팀은 앨범이 발매되기 전부터 마케팅을 시작해 대중들이 음반 발매를 애타게 기다리게 하는 바람잡이 역할을 해야 한다. 내가네트워크는 9월 중순부터 많은 팔로워를 가지고 있는 내가네트워크 공식 트위터와 윤일상 작곡가 트위터로 '리틀즈'의 데뷔 준비 과정을 사진을 통해 조금씩 보여주고 있다.

그리고 발매 날짜에 맞춰 포털사이트를 비롯해 많은 사람들이 유입되는 유명 사이트들과의 미팅을 통해 '리틀즈'를 알릴 수 있는 방법들을 물색하고 있다. 앨범 발매 후 뮤직비디오, 재킷 사진이 각종 온·오프라인 매체들에 노출되어 어딜 가든 '리틀즈'가 보인다면 성공적인 사전 마케팅이라 할 수 있다.

음반이 발매되면 마케팅은 더욱더 활발하게 이루어진다. 앨범 홍보를 위해 음악 프로그램, 예능 프로그램, 라디오, 행사 등을 통해 가수를 최대한 많이 노출시킨다. 그런데 앨범 홍보의 경우도 기획 콘셉트에 따라 방향이 달라지기도 한다. '리틀즈'는 방송 활동보다는 공연을 통해 인지도를 쌓는 방법을 택했다. 화려한 의상과 섹시함을 무기로 하는 걸그룹과는 차별화되는, 기량과 가창력을 돋보이게 하는 홍보 방법을 선택한 것이다. 여기에 사전에 기획해놓은 온·오프라인 마케팅이 함께 이루어져 대중의 눈을 사로잡을 계획이다.

데뷔가 결정되었다고 해서 금세 뚝딱하고 앨범이 만들어지진 않는다. 이렇게 많은 팀이 관여해 앨범의 완성도를 높이고 노래에 생명력을 부여한다. '리틀즈'의 앞으로의 행보를 관심 있게 지켜본다면 연습생부터 앨범을 만들고 가수로 데뷔하기까지의 모든 과정을 좀 더 쉽게 이해할 수 있지 않을까 싶다.

〈슈퍼스타K〉가 엄청난 이슈를 만들어내면서, 공중파를 비롯한 경쟁 케이블 사에서도 오디션 프로그램을 꾸준히 만들어내고 있다. 오디션 지원 방법은 조금씩 다르지만 대부분 ARS 전화 오디션과 UCC 영상이나 MP3 파일을 보내는 온라인 접수로 이루어진다.

물론 실제로 목소리를 듣는 것과 파일상에는 차이가 있기 때문에 가창력을 심사하기에는 한계가 있다. 하지만 심사위원은 그 파일만 들어도 이 지원자가 얼마나 성의 있게 오디션에 임하는지를 사전에 구분해낼 수 있다. 정해진 녹음 시간이 없는 한, 간단하게라도 자기소개를 하고 노래가 잘 들릴 수 있는 조용한 곳에서 열의를 담아 노래하도록 하

자. 그렇다고 욕심을 부려 너무 길게 만들면 심사위원이 중간에 끊어버릴 수 있다는 점도 명심해야 한다. 딱 내 장점을 보여줄 수 있을 만큼이 기준이다.

오디션 프로그램에 합격하려면 미리 각 프로그램의 특징을 알아두는 것이 좋다. 국내 오디션 프로그램의 시초이자 가장 유명한 〈슈퍼스타K〉. 케이블 방송의 한계를 딛고 공중파를 포함해 동시간대 시청률 1위를 기록하는 파급력을 자랑하고 있다. 서인국, 장재인, 존박, 허각, 울랄라세션, 버스커버스커 등 음원 차트를 휩쓸고 있는 신인 가수들이 모두 〈슈퍼스타K〉 출신이다. 〈슈퍼스타K〉는 나이, 외모, 배경, 그룹, 솔로 등의 조건으로 제한을 두지 않는다. 실력을 가장 우선시하기는 하지만 아무래도 시청률에 좌지우지되는 케이블 방송인 만큼 지원자의 드라마틱한 요소를 관심 있게 보기도 한다. 음악에 대한 열정과 실력, 삶의 굴곡과 사연을 가진 지원자라면 〈슈퍼스타K〉에 도전해보라.

공중파에서 처음 만든 〈위대한 탄생〉은 '멘토제'라는 시스템을 도입해 〈슈퍼스타K〉와의 차별점을 두었다. 김태원, 신승훈, 이승환, 이선희, 윤상 등 멘토들이 추구하는 바에 따라 프로그램 성격도 조금씩 달라지는 경향이 있다. 기획사는 배제하고 작곡가와 가수를 직접 연결하는 멘토제는 실력 있는 가수가 스스로 클 수 있는 환경을 만들어준다. 장기적으로 본다면, 기획사의 의지와 뜻에 따라 만들어지는 가수보다는 자기 색깔로 승부하는 뮤지션이 될 가능성이 크다. 또한 데뷔 이후 MBC의 각종 연예 프로그램에서 활동할 가능성이 커지는 것 역시 〈위대한 탄생〉을 선택할 만한 이유다.

SBS의 〈K팝스타〉도 상당히 특징 있는 프로그램이다. 국내 굴지의 엔터테인먼트 사 대표적인 인물, 양현석, 박진영, 보아가 심사위원으로 참여하여 지원자들을 직접 평가하고 코칭하며, 스카우트까지 한다. 각 회사의 유명 프로듀서가 자사의 연습생 시스템으로 코칭을 하는데, 최종 우승자는 이 세 기획사 중에서 한 곳을 선택하여 소속 가수가 될 수 있는 기회가 주어진다. 〈K팝스타〉는 다른 오디션 프로그램과 달리 심사위원들이 아이돌 그룹을 만드는 데 많은 노하우를 갖고 있기 때문에 어리고 잠재력 많은 지원자가 좀 더 많은 점수를 얻을 수 있다. 또한 기획사에서의 데뷔가 거의 100퍼센트 보장되는 만큼 실력도 실력이지만 스타성과 끼, 외모도 중요한 평가 기준이 된다.

 심사위원들도 독설을 하기보다는 좀 더 따뜻한 충고를 통해 지원자들을 독려하는 데 더 힘쓰고 있다.

그 외에도 〈메이드 인 유〉, 〈코리아 갓 탤런트〉, 〈TOP밴드〉 등의 프로그램도 있는데 앞서 말한 프로그램에 비해서는 인지도가 떨어지는 편이다. 이렇게 오디션 프로그램이 많아지는 것에 대해서 '경쟁 과열을 부추긴다', '식상해서 재미없다', '프로그램의 깊이 없이 지원자들을 현혹한다' 등등의 부정적인 말이 많지만 가수가 되고픈 꿈과 실력을 갖고 있음에도 불구하고 그동안 꿈을 접고 있었던 사람들이나 어떻게 가수가 되어야 할지 몰랐던 사람들에게 구체적인 길을 알려준다는 점에서 긍정적인 면도 많다.

한편 정작 문제가 다른 데 있는 지원자도 있다. UCC나 파일로 봤을 때는 카메라도 잘 받고 끼도 있고 말도 잘하고 노래도 잘했던 지원자가 있어 당장 오디션을 보자고 연락을 했다.

그런데 정작 무대에서는 시선을 잘 맞추지도 못하고 목소리도 안정적이지 못했다. 알고 보니 그녀에게는 무대울렁증이 있었다. 그녀는 사람들이 자신을 보고 있다는 생각에 잔뜩 긴장해버리고 말았다. 심장이 두근거리고 땀이 비 오듯 흘러 결국 심사위원들에게 자신의 재능을 아무것도 보여줄 수가 없었다.

서너 명의 스태프들 앞에서도 이렇게 긴장을 한다면 전 국민을 대상으로 하는 오디션 프로그램, 더 나아가 데뷔를 하는 생방송 음악 프로그램에 제대로 설 수가 없다. 이런 이들은 무대울렁증부터 꼭 고쳐야 한다. 긴장감은 그대로 얼굴에 묻어나오기 때문에 예리한 심사위원들은 자신감 없는 지원자로 치부해버린다.

무대 울렁증이 타고난 유전이라면 가수의 꿈을 접으라고 감히 말하고 싶다. 그런데 보통은 자신감 부족 때문에 무대울렁증이 생기는 경우가 더 많다. '연습할 때 고음 처리가 안 됐는데 오디션에서도 못하면 어떡하지?', '자꾸 잊어버리는 가사가 있는데 설마 또 잊어버리진 않겠지?' 등 이런 생각이 조금이라도 있으면 머릿속에 계속 맴돌아 무의식중에 긴장하는 것이다. 연습생들 중에는 혼자 연습할 때보다 무대 위에서나 테스트 때 더 놀라운 실력을 보이는 친구들이 있다. 이런 친구들의 공통점을 보면 자신감이 충만하다. '부족한 부분, 틀리던 부분을 모두 마

|가창력과 음악성이 준비된 나에게
어울리는 오디션 프로그램 찾기 |

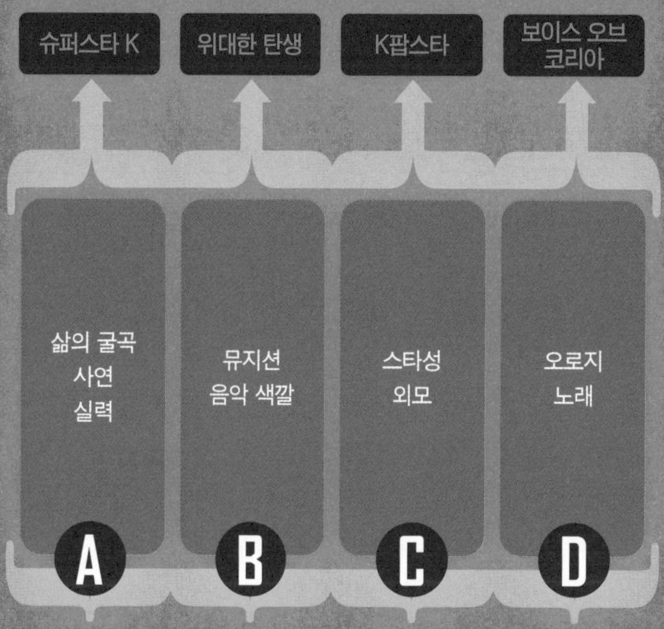

스터했으니까, 얼른 그 부분을 보여주고 싶어!' 이런 마음이야 말로 무대 위를 장악하는 카리스마로 나타난다.

TV 오디션 프로그램을 준비하는 지원자들에게 진심으로 당부하고 싶은 말이 있다. 뛰어난 가창력과 음악성이 없다면 오디션 프로그램은 포기하라. 가창력보다는 외모가 뛰어나거나 끼와 재능이 많다면 기획사 오디션을 통해 기본기부터 배워나가는 게 좋다. 오디션 프로그램은 프로그램 특성상 실력 없는 지원자의 경우 코믹스럽게 편집하거나 다른 지원자들을 돋보이게 하는 양념 정도로 나오기 쉽다. 이런 경험은 당신에게 결코 좋은 이력이 되지 않을 것이다.

꼭 10대여야만 기획사에 들어갈 수 있나요?

솔직히 말하자면 **나이는 어리면 어릴수록 좋다.** 오디션을 통과했다고 바로 가수로 데뷔하는 게 아니기 때문이다. 연습생부터 시작해야 하고, 연습생 생활이 끝나면 전속 계약을 맺어야 하는데 계약 기간이 짧게는 5년, 길게는 7~8년이다. 연습생의 경우 실력이 출중할 경우에는 전속 계약까지의 기간이 짧기도 하지만 춤, 노래, 랩 등 전체적인 실력을 갖추고 무대에 서기까지 준비하는 데 몇 년의 시간이 걸린다. 그리고 오래 다듬어지면 다듬어질수록 더 실력을 갖추게 되는 건 당연하다. 또한 아이돌 그룹과 가요를 가장 많이 소비하는 주 타깃층이 10대에서 20대 초반인 만큼 그들에게 어필하기 위해서는 어리면 어릴수록 유리하다.

하지만 나이가 많다고 좌절하지는 말자. 기획사에서 가수를 찾을 때는 보통 두 가지 경우로 나뉜다. 앞서 말한 것처럼 어리고 가능성 있는 친구를 찾아서 양성하는 경우, 두 번째는 준비 중인 앨범에 바로 투입할 수 있는 친구를 찾는 경우다.

내가 네트워크 소속의 브아걸도 비슷한 과정을 거쳤다. 처음 '브아걸 프로젝트'가 시작됐을 때 멤버는 제아 한 명밖에 없었다. 앨범 콘셉트에 맞춰 여성 래퍼가 필요했는데 딱히 마땅한 친구를 만날 수가 없었다. 수소문 끝에 가수 허니패밀리, 버블시스터즈에서 객원 래퍼로 활동했던 미료를 발굴해 두 번째 멤버로 확정했고, 고음 부분을 맡아줄 멤버로 제아와 같은 실용음악학원을 다니며 가수의 꿈을 키웠던 나르샤를 발탁했다. 마지막으로 〈배틀 신화〉 오디션에 참가했다 고배를 마시고 좌절하던 가인이 비공개 오디션을 통해 팀의 막내로 합류했다.

가인을 제외한 멤버의 나이는 모두 20대 후반에 가까웠는데, 사실 가수로 데뷔하기 적지 않은 나이였다. 그러나 여러 기획사의 연습생 생활을 거치며 실력을 꾸준히 키우고 있었던 나르샤나 힙합계에서 이미 실력을 인정받은 바 있는 미료 등 네 명 모두 훌륭한 가창력과 음악에 대한 열정만큼은 가수로 데뷔하는 데 아무런 문제가 없었다.

그러니 나이 탓을 하며 좌절하기보다는 꾸준히 도전하길

바란다. 다만 스스로 나이가 단점이라고 생각된다면 그 점을 보완하기 위해 피눈물 나는 연습을 해야 한다. 그래야 기획사가 "저 친구는 연습생 기간이 별로 오래 걸리지 않겠군."이라고 판단해 높은 점수를 줄 수 있다.

Track 2

오디션 합격 당락을 결정짓는

특급 비밀

서울에서 KTX로 세 시간이 걸리는 전라도 순천 토박이, 열일곱 살 A의 꿈은 가수다. 그는 어려서부터 가요, 팝, R&B, 힙합 등 장르를 불문하고 여러 음악을 들어왔고, 좋은 노래를 들으면 꼭 제대로 따라 불러봐야 직성이 풀렸다. 또한 관심만 있는 것이 아니라 실력도 출중해 학교 축제에서 노래를 부르면 친구들로부터 많은 박수갈채를 받기도 했다.

그는 서울과 그리 친밀하지 않다. 서울에 친척도 없으며 수학여행을 가본 게 전부다. A는 서울에서 멀리 떨어져 있기 때문에 가수가 되기 위해 도대체 무엇을, 어떻게 시작해야 할지 막막하기만 하다. 중학교 2학년 때부터 가수의 꿈을 키워왔지만 2년째 생각만 할 뿐 아무것도 도전한 게 없다.

지방에 살고 있는 학생들은 A처럼 "우리에겐 기회가 잘 오지 않아.", "흔한 길거리 캐스팅도 기회가 와야지.", "엄마한테 오디션 보러 서울 가겠다고 어떻게 말하지?"라는 생각으로 무작정 기회를 기다리고 있는 경우가 많다. 지방에 살고 있기 때문에 불리하다는 생각부터 버리자. 지방에 살기 때문에 더 열심히 오디션을 보러 다녀야 한다. 서울·경기도권에 사는 친구들보다 몇 배는 더 적극적으로 기회를 잡으러 다녀야 한다.

기본기가 부족하다면 가까운 실용음악학원에 등록해 레슨을 받으면 된다. 그리고 끊임없이 오디션 데모 영상을 만들어

_내가네트워크 공식 홈페이지 메인 화면에 위치한 오디션 공고

서 기획사에 이메일과 우편을 보내자. 특히, 잦은 오디션을 치루는 비용이 부담스러운 학생이라면 온라인 오디션을 적극 활용해야 한다. 인터넷으로 검색해보면 공개 오디션과 가요제 등의 정보를 알려주는 사이트가 여러 개 있다. 자신을 보여줄 수 있는 곳이라면 어디든 찾아가서 세상에 나를 알려야 한다.

A는 지금 한 기획사의 연습생으로 석 달째 트레이닝을 받고 있다. 이메일을 보낸 한 기획사에서 오디션을 보러 오라는 연락을 받은 A는 부모님을 설득해 오디션에 참여했다. 결과는 좋은 성적으로 합격. 직접 A의 오디션에 함께했던 그의 부모님은 자식의 열정에 감동했고, 적극적으로 서울 근교에 집을 구해서 A의 연습생 생활을 지원 중이다.

사는 곳이 지방이라고 해서 다를 게 없다. 지금 활동 중인 가수들이 모두 서울·경기도권 출신일까? 절대 아니다. 거리가 멀수록 당신의 열정을 더 적극적으로 보여주는 것이 필요하다.

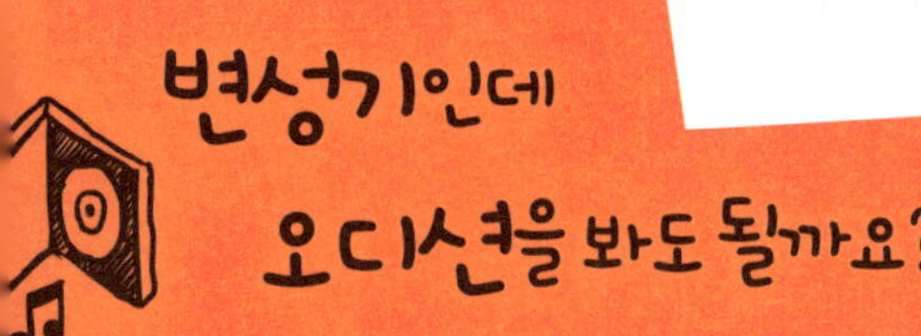

남자들의 경우 변성기를 거치는 동안 성대의 길이가 길어지면서 목소리가 낮아진다. 이때 달라진 성대에 적응을 제대로 못하면 목소리가 갈라지고 완전히 다른 목소리가 되어버린다.

이 시기 노래 연습을 할 때는 목을 아주 조심해야 한다. 원하는 목소리가 안 나온다고 억지로 소리를 더 내려는 경향이 있는데, 자칫하다가 질병이 발생하기도 한다. 따라서 연습을 오래 하기보다는 짧은 시간 내에 효과를 높이는 방법을 추천한다. 우선 자신의 모습을 촬영하거나 녹음해서 잘된 부분과 잘못된 부분을 꼼꼼하게 체크한다. 한 번으로는 안 된다. 여러 번 들어보고, 또 시간 차이를 두고 체크해야 자신의 문제점을 잘 찾아낼 수 있다. 그리고 연습 시간에는 잘못된 부분만 집중적으로 연습한다.

변성기에는 작은 습관들도 주의해야 한다. 친구들 이랑 같이 큰소리로 떠들거나 고함치는 것도 목에 무리를 줄 수 있다. 성대에 좋다고 날계란이나 삼겹살, 꿀을 먹는 사람들도 있지만 아무래도 제일 좋은 건 따뜻한 물이다. 성대가 건조해 지지 않도록 하루 최소 1.5리터 이상의 물을 마시도록 하자.

그리고 고음을 많이 필요로 한 곡은 피하도록 한다. 오디션곡으로 고음 파트가 많은 곡을 선택한다고 해서 꼭 합격 하는 건 아니다. 중저음의 매력적인 노래도 많다. 고음으로 승부 하지 말고, 재능과 끼를 보여주는 것으로 목표를 잡도록 하자.

기획사 홈페이지에는 정기적으로 오디션 공지사항이 올라온다. 공지사항에는 오디션 날짜와 시간, 장소가 적혀 있다. 안내된 날에 오디션 장소로 가면 현장 접수를 통해 오디션을 볼 수 있는데, 이것이 공개 오디션이다. 누구나 참여 가능하기에 많은 지원자가 현장에 몰린다. 보통 5~10명씩 오디션장에 들어가서 자신의 재능을 뽐낸다. 내가네트워크 공개 오디션의 경우 평균 경쟁률은 150대 1 정도 된다.

비공개 오디션은 앞서 말한 공개 오디션, 아카데미에서 자체적으로 여는 오디션, 길거리 캐스팅, 기획사 이메일로 접수된 지원자 중에서 1차로 선별된 지원자들을 대상으로 합격자를 선별하는 2차 오디션이다. 이때는 한 명씩 오디션장에 들어간다. 신인개발 팀장의 책임 하에 단독으로 면접을 진행하는데 가능성이 보이는 지원자의 경우에는 여러 곡을 부르도록 하여 가능성이 있는지 없는지를 꼼꼼하게 판단한다.

공개 오디션이든 비공개 오디션이든 심사위원 외에 중요한 평가 위원이 바로 카메라다. 화면에 어떻게 비추어지는가는 연예인을 발굴하는 데 매우 중요한 요소가 된다. 확실히 '카메라발 잘 받는' 친구들이 있다. 이렇게 실물보다 카메라로 봤을 때 훨씬 예쁘고 멋있게 보이는 친구들의 경우 상대적으로 더 높은 점수를 받을 수 있다.

_내가네트워크 공개 오디션 현장

　　신인개발팀에서 이렇게 2차 지원자를 선정하면 내부에서
여러 번의 회의를 거쳐 최종 합격여부를 결정하는데, 이때 오디
션장에서 촬영된 영상을 돌려본다. 한 번 봤을 때와 여러 번 봤
을 때의 느낌이 또 다르기 때문이다. 따라서 미리 휴대전화
동영상 기능을 통해 셀프 카메라 테스트를 해보는 것
도 빼놓지 말자.

공개 오디션 지원서를 작성하는 노하우가 있나요?

오디션 지원서는 기업에서 신입사원 채용 시 필요한 이력서와 자기소개서로 1차 서류심사를 하는 것과 같다. 지원서는 자신의 첫인상이다. 한 번의 오디션에 수백여 장의 지원서가 도착한다. 수없이 많은 오디션을 치룬 기획사의 입장에서는 지원서만 봐도 이 지원자에게 가능성이 있을지 없을지 짐작할 수 있다.

간혹 지원서를 금방 써서 내고 남는 시간에 연습을 더 하는 친구들이 있는데, 지원서를 빨리 제출한다고 합격하는 건 아니다. 빨리 내는 것보다 정성이 중요하다. 글씨를 또박또박 단정하게 쓰고 내용도 꼼꼼히 적어야 한다.

지원서에 빈칸을 만들지 말자. 해당되는 내용이 없다

면 '해당사항 없음'이라도 적어야 한다. 그리고 맞춤법에 신경 쓰도록 한다. "가수는 노래만 잘하면 되잖아요." 이런 핑계는 통하지 않는다. 누구나 똘똘하고 영리해 보이는 사람을 신뢰한다. 아주 사소한 맞춤법을 틀리는 지원자들은 학생으로서 열심히 생활하지 않은 것으로 비춰질 수 있다. 자기소개 부분도 마찬가지다. 춤, 노래, 외모, 외국어 실력 등 자신의 장점을 꼼꼼하게 적고, 특기가 없을 경우에는 가수가 되고 싶은 열정을 가득 담아 성실하게 쓴다. 가수의 길이 자신과의 긴 싸움이라는 것을 잘 아는 기획사 입장에서는 지원자의 '열정'을 제일 먼저 꼽을 수밖에 없다.

가장 주의할 점은 거짓 사항은 절대 쓰지 말아야 한다는 것. 잘 보이고 싶은 마음에 수상 경력이나 특기, 활동을 과장해서 쓰거나 거짓 사항을 적는 친구들이 있다. 이런 친구들은 캐스팅 스태프들이 조금만 이야기해보고, 노래를 잠깐만 들어봐도 지원서에 적은 내용이 진짜인지 아닌지 금방 알아차릴 수 있다. 당연히 이런 지원자들에게는 마이너스 점수를 준다. 그러므로 지원서는 솔직하게 있는 그대로, 그리고 열정과 성의를 다해서 작성하는 게 노하우다.

NEGA NETWORK 내가네트워크(주)

2012　NO.

<table>
<tr><td rowspan="7">사진
(정면사진)</td><td>지원부문</td><td colspan="2">☑ 보컬　☐ 랩　☑ 댄스
☐ 연기　☐ 기타</td><td>접수일</td><td>2012년 11월 11일
☑ 온라인　☐ 현장</td></tr>
<tr><td>이름</td><td colspan="2">나가수</td><td>학교</td><td>내가고등 학교　1 학년 11 반</td></tr>
<tr><td>생년월일</td><td colspan="2">1996년 5월 20일</td><td>군필여부</td><td>군필 ☐　미필 ☑</td></tr>
<tr><td>나이</td><td colspan="2">17세</td><td>종교</td><td>없음</td></tr>
<tr><td>성별</td><td colspan="2">☐ 남　☑ 여</td><td>주소</td><td>서울시 마포구 서교동</td></tr>
<tr><td>신장/체중</td><td colspan="2">163cm / 48kg</td><td>E-mail</td><td>1234@hanmail.co.kr</td></tr>
<tr><td>직업</td><td colspan="2">학생</td><td>전화번호</td><td>집 : 02-123-5678
핸드폰 : 010-1234-5678
친구번호 : 010-1234-5678</td></tr>
</table>

개인홈페이지	미니홈피, 페이스북, 미투데이 사용　(미니홈피, 트위터, 미투데이, 페이스북)
희망분야	가수(댄스 가수)　(가수, 연기자, 모델 등)
좋아하는 가수	가인, 노래도 잘하고 곡에 따라 변하는 모습이 놀라워요　(이유도 함께 설명)
특기 및 취미	작사, 독서
성형여부	없음　(횟수 / 부위 / 시기)
외국어 구사능력	일본어로 대화 가능합니다　(영어 / 중국어 / 일어 등)
경력사항	타 오디션 2차 합격까지 했습니다　(대회 / 오디션 등)
가족관계	부모님, 동생
현재동거가족	부모님, 동생
부모님 직업	아버지 : 회사원 어머니 : 회사원
학원수강 경험	없음　(학원 이름 / 기간)
연습생 경험	없음　(회사이름 / 기간)
자기소개 (지원동기 및 포부 등 포함하여 작성)	학원 같은 데는 다녀본 적이 없지만, 나름대로 노래와 댄스를 연습하고 있습니다. 매일 세 시간씩은 시간 내어 연습하고, 가수들의 동영상도 챙겨보며 무대에서의 모습들을 연구합니다.

- 합격자는 개별 통보합니다
- 오디션의 참가로 인하여 발생되는 영상물 및 오디오는 오디션 카드의 제출로 내가네트워크(주)에서 자유롭게 사용할 수 있도록 동의하는 것으로 간주 합니다.
- 본 오디션 카드에 적힌 신상 정보는 NEGANETWORK ARTIST, AUDITION 정보를 귀하의 SNS, SMS로 발송될 수 있습니다.
- 모든 항목에 대해서 기입 바랍니다. 심사에 영향을 미칠 수 있습니다.

서울특별시 강남구 논현동 42-7 3F 내가네트워크(주) TEL) 511-9650 / FAX) 511-9611

_내가네트워크 오디션 지원서 양식

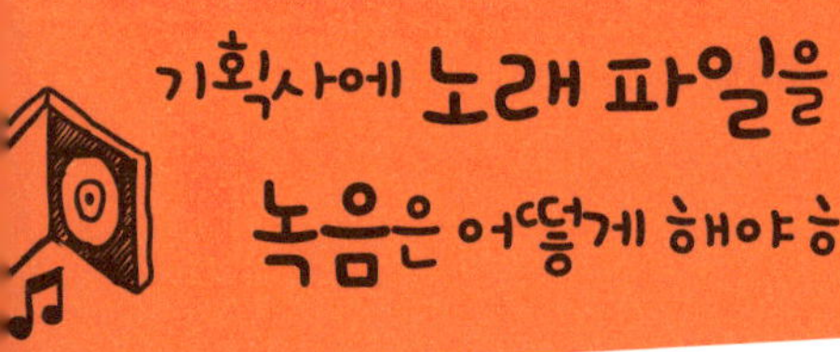

내가네트워크만 해도 한 달에 접수되는 이메일과 우편물이 평균적으로 600통에 달한다. 앞서 말했듯이 신인개발팀은 지원자들의 이메일을 한 통도 놓치지 않고 모두 살펴보며, 지원서와 함께 보내온 파일 역시 절대 버리지 않는다. 숨겨진 보석을 찾아내기 위한 중요한 과정이기 때문이다.

하지만 심사하기 좋은 파일 형식으로 보내면 시간이 많이 절약되는 것도 사실이다. 캐스팅 스태프들이 선호하는 것은 영상 파일이다. 휴대전화나 녹음실에서 녹음을 한 후, 녹음 파일을 다시 CD로 만들어 보내는 경우가 있는데, 목소리만 들어서는 판단하기 쉽지 않다.

영상 파일이라고 해서 어렵게 생각하지 말고 휴대전화에

있는 동영상 촬영 기능을 활용하면 된다. 심사에도 도움이 되겠지만 자신의 연습에도 많은 도움이 된다. 영상은 자신의 표정과 실력을 객관적으로 평가할 수 있는 도구이다. 화면을 통해 본 자신의 목소리나 표정에 거부감이 느껴진다면 다른 사람 역시 같은 느낌을 받을 것이고, 내가 봐도 괜찮다면 다른 사람에게는 더 좋게 느껴질 수도 있다.

이 과정은 반복하면 할수록 좋다. 자신의 노래 실력과 모습을 수시로 모니터링해서 고쳐야 할 점을 제대로 바꾸고 있는지를 체크해야 단점을 바로잡을 수 있다. 누군가 당신을 찍고 있는 게 부담스럽거나 부끄럽다면 셀프 카메라 모드로 촬영해보자. 노래만으로는 그 사람의 매력을 확인하기 힘들다. 가수는 노래 실력도 중요하지만 표정, 개성, 노래 모든 것이 조화가 이루어져야 할 수 있는 직업이라는 것을 잊지 말자.

웬만한 파일형식은 열어볼 수 있지만 대용량 파일은 추천하지 않는다. 많은 오디션 파일을 확인하는 담당자 입장에서 1GB가 넘어가는 대용량 파일은 다운로드 시간과 컴퓨터 사양에 문제가 생겨 확인을 하는 데 어려움이 있다. 그렇다고 너무 용량에만 신경 쓰다 보면 화질, 음질이 떨어져 얼굴을 알아보기 힘들거나 소리가 왜곡될 수도 있으니 이 점 역시 유의하길 바란다. 그리고 오디션 파일은 한두 곡 정도가 적당하다. 본인이 자신 있는 한두 곡을 집중적으로 연습한 뒤 파일을 만드는 게 좋다. 이유는 오디션 담당자가 당신의 목소리를 직접 듣고 싶게 만들어야 하기 때문이다. 오디션 담당자를 아쉽게 만들도록 실력을 키우는 게 무엇보다 중요하다.

오디션을 볼 때 음악을 어떻게 준비해야 하는지 전화 문의가 많이 걸려온다. 공개 오디션의 경우 무반주에 노래를 불러야 한다. 많은 인원을 정해진 시간 안에 모두 봐야 하고, 대기 인원이 많기 때문에 준비해온 반주나 MR을 재생해줄 수 없다. 댄스곡도 마찬가지다. 박자감이 어느 정도가 되는지 테스트하는 데 의미를 두는 정도기 때문에 회사에서 준비한 음악에 즉흥적으로 리듬에 맞춰 안무를 보여줄 수 있으면 된다. 그러나 비공개 오디션은 노래 반주나 MR을 준비해도 좋다. 댄스도 자신 있는 곡으로 준비해도 좋다. 간혹 CD로 구워오는 사람들이 있는데 그럴 필요는 없다. 휴대전화나 MP3로 플레이가 가능하면 비공개 오디션 현장에서 음악을 틀어줄 수 있다.

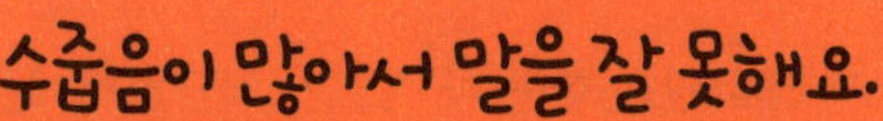

요즘 가수들은 노래만 잘해서는 안 된다. 아이돌 그룹 내에서 왕따설이 돌면 순식간에 방송 캡처 화면이 포털사이트에 뜬다. 그 게시물에는 각종 악플이 달리고, 프로그램에서 잘못 내던진 말 한마디에 '무개념 연예인'으로 찍히기도 한다. 자기 소신을 분명하게 표현하고, 예능 프로그램에서 다양한 재주를 선보이며 개인의 매력을 발산해야만 더 사랑받는 가수가 될 수 있다. 기획사는 이 점이 얼마나 중요한지 분명하게 알고 있다.

따라서 인터뷰가 서툴면 오디션에서 좋은 점수를 받기 어렵다. 말주변이 없는 건 보통 자신감 부족일 때가 많다. 자신의 다짐과 의욕, 꿈과 열정을 노트에 잘 정리해 누가 언제 어느 때에 물어봐도 자신 있게 대답

할 수 있을 만큼 숙지해놓는 게 좋다. 그렇다고 남들이 다 말하는 뻔한 내용을 암기하라는 게 아니다. 솔직하고 담백하게 자신에 대해서 이야기하라.

그래도 말하는 것에 자신이 없다면 표정에 좀 더 승부를 걸자. 심사위원들이 공통점으로 호감을 느끼는 지원자들은 당당하고 자신감 있는 친구들이다. 질문을 던지는 심사위원들과 눈을 맞추고 살짝 미소를 띠며 여유 있게 대답하라. "심사위원이 질문을 하면, 순간 머릿속이 까매지면서 아무 생각도 안 나요. 준비했던 것들도 뒤죽박죽되어버리더라고요." 많은 오디션 합격자들은 이렇게 말한다. 당신에게만 어렵고 힘든 자리가 아니다. 심사위원들도 지원자들이 얼마나 긴장하고 있는지 알고 있으므로 심호흡을 크게 한 번 하고 대답하면 된다.

단, 너무 튀려고 하지는 말 것. 개성도 정도를 지나치면 안 된다. 심사위원들은 수많은 지원자들을 심사해왔다. 당신이 최대한 튀려고 의상이나 인터뷰 내용을 준비했다고 하더라도 심사위원들에게는 식상해 보일 수 있다. 오히려 겸손하고 성실한 지원자에게 더 눈길이 간다. 의상도 마찬가지다. 어설프게 의상으로 개성을 보이려 하지 말고, 스스로 노래하고 춤추기에 편안하고 단정한 옷을 입어라.

| 두 가지 상황에서의 질문지 |

1. 특이하거나 화려한 수상경력이 있을 경우
2. 과거 연습생 경험이 있을 경우
3. 외국어가 능통하거나 해외거주 이력이 있는 경우

오디션 지원서의 경우

노래나 춤을 본 경우

1. 얼마나 연습했는가?
2. 오디션은 자주 보러 다니는가?
3. 더 보여줄 수 있는 춤이나 노래가 있는가?

오디션을 볼 때 별도의 인터뷰 시간이 정해져 있는 건 아니다. 오디션을 보면서 심사위원이 상황에 따라 궁금한 것이 있으면 즉석에서 바로 질문한다. 질문을 한다는 것은 심사위원이 관심이 있다는 증거이니 긍정적으로 받아들이면 된다. 그리고 답변을 길게 할 필요도 없다. 당신이 어떻게 말하는지가 궁금한 게 아니고 사실이 궁금한 것뿐이다. 거짓 없이 답변만 하면 된다.

질문은 주로 오디션 지원서를 보고 궁금한 사항, 노래나 춤을 보고 궁금한 점을 하는데 보통 실력이 좋은 경우에 묻는다.

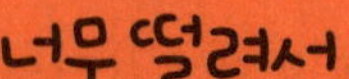

친구랑 같이 오디션을 보려고 해요

"친구가 같이 오디션을 보러 가자고 해서 그냥 별 생각 없이 따라 갔는데, 저는 되고 친구는 떨어졌어요." 어떻게 데뷔했냐는 질문에 연예인들이 흔히 하는 대답이다.

'오디션에 도전해보겠어'라고 결심을 했어도, 혼자 오디션장에 오는 건 쉬운 일이 아니다. 낯선 사람들과 낯선 자리가 어색하고 민망하다. 긴장이 감도는 대기실에서 함께 수다를 떨고 서로 마음 다독여줄 친구가 있다면 꽤 든든할 것이다.

하지만 정말 친구만 붙고 나는 떨어진다면? 이는 별로 유쾌한 일이 아닐 뿐더러 상상만으로도 끔찍하다. 오디션 현장에 친구와 함께 오는 것 자체는 상관없지만 우선순위는 분명히 해야 한다. 둘이 한 팀으로 환상의 호흡을 보여준다고 하

오디션 현장에서 보통 주어지는 시간은 5분. 그 짧은 시간 안에 당신은 춤과 노래를 통해 가능성과 스타성을 최대한 보여 줘야 한다. 그런데 친구와 함께 오디션 현장에 들어간다면 심사위원은 두 사람을 번갈아 가면서 볼 수밖에 없다. 당신을 보여 줄 시간이 반 토막, 2분 30초로 줄어드는 것이다.

가능성 있는 연습생들을 모아 프로젝트를 기획하고 그룹을 결성하는 건 기획사의 몫이다. '난 이 친구랑 함께 최고의 춤과 노래를 선보일 수 있어'라고 생각하는 건 오만하다. 한 사람에게는 가능성이 있고, 한 사람은 취미로 노래를 즐기는 게 적당할 수 있다. 가수를 꿈꾸는 친구가 곁에 있다면 함께 오디션 정보를 공유하고 힘들 때마다 서로를 위로해주고, 좋아하는 노래를 함께 따라 부르는 정도로만 선을 지키자.

연습생이 되면 어느 정도의 학교생활도 포기해야 하는데, 친구와 모든 걸 함께하려고 하는 건 프로로서 성숙해 보이지 않을 수 있다.

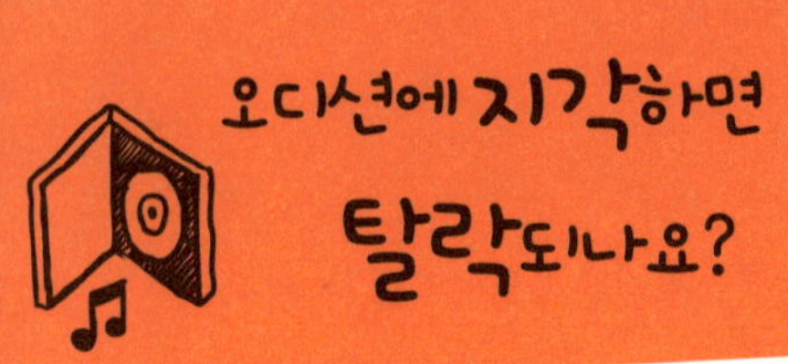

"죄송합니다. 제가 지방에 살아서요, 기차가 연착돼서 늦었어요." 오디션 현장에 들어서자마자 시뻘게진 얼굴로 땀을 뻘뻘 흘리며 말하는 지원자. 고개를 몇 번이나 꾸벅거리는데 진심으로 무안하고 죄송해하는 게 느껴진다.

기차 연착이나 차가 막히는 것은 심사위원들도 이성적으로 이해할 수 있다. 그렇다고 심사위원이 "그래, 살다 보면 그럴 수도 있지. 저쪽에서 충분히 숨 고르고 좋은 노래를 들려주도록 해요"라고 말할까?

절대 그렇지 않다. 오디션은 노래만 잘 부른다고 통과할 수 있는 게 아니다. 요즘은 스타의 자질을 종합적으로 요구한다. 연예인 A는 객관적으로 노래를 정말 잘한다고 할 수는 없는데 대중들은 그에게 열광한다. 포털사이트에 그의 이름을 검색하면 그가 한 기부 활동이나 방송에서 말한 '개념 있는 이야기'가 올라온다. 또한 그가 출연한 광고의 제품은 그의 이미지처럼 정직하고 반듯해 보인다.

반면 유난히 안티가 많은 연예인도 있다. "내가 아는 사람이 코디네이터인데, 그렇게 변덕이 심하고 화를 잘 낸대.", "방송에서는 그렇게 예쁜 척하더니 엄청나게 가식적이래. 지난번 생방송에 못 나온 이유가 걔가 늦게 와서래.", "얼마 전에 내가 아르바이트하는 곳에 연예인 B가 왔는데, 물 한 잔 늦게 갔다 줬다고 성질내고, 자기보다 나이 많은 사람한테도 완전 거만하게 굴더라니까."

이런 소문들은 돌고 돌면서 연예인 당사자와 당사자가 속해 있는 그룹, 그리고 그 팀을 만든 기획사에까지 안 좋은 영향을 미친다.

왕따설에 휩싸여 인터넷을 뜨겁게 달군 그룹 A 사태만 해도 사실 여부와는 상관없이 많은 팬들이 그들을 외면해버리고 말았다. 그들의 노래를 다시 순수하게 즐기기까지는 아무래도 오랜 시간이 걸릴 것 같다. 이런 사건만 봐도 노래 실력만큼 중요한 게 인성과 태도임을 알 수 있다.

"5분 안에 사람의 인성이나 자질, 성격을 어떻게 파악해요?" 이렇게 항변할지도 모르겠다. 그렇기 때문에 지각은 절대 용납될 수 없다. 시간 약속은 심사위원들이 지원자의 기본적인 자질과 인성을 평가할 수 있는 최소한의 기준이다. 당신은 심사위원의 소중한 시간을 뺏은 것이기에 지각은 심사위원에게 상당히 불쾌하게 느껴질 수도 있는 일이다.

연습생이 되어도 모든 스케줄이 약속의 연속이다. 팀원과의 연습 시간, 트레이너와의 레슨 시간, 혼자 갖는 연습 시간, 녹음 시간까지. 데뷔 후에는 더 심하다. 방송 프로그램에 출연할 때는 리허설 시간보다 더 일찍 와 있어야 하고 팬 사인회나 기업 행사에서도 팬들을 기다리게 하면 안 된다. 기자와의 인터뷰 약속에 지각한다면 좋은 기사를 기대하긴 어렵다. 스태프들과의 약속도 중요하다. 코디네이터나 매니저 모두 당신의 불성실함을 가장 가까이에서 지켜보는 사람들이다.

따라서 이런 사태가 생기지 않도록 미리 오디션 장소 위치와 교통편을 알아두고 만약에 생길 경우의 수를 대비해 넉넉하게 출발하도록 하자. 최소한 30분 이전에는 대기실에서 대기하고 있어야 한다.

오디션을 잘 보겠다고 전날 늦게까지 연습하는 지원자들

도 있는데 오히려 목이 쉬어서 좋은 노래를 들려주지 못할 수도 있다. 오디션 전날에는 좋은 컨디션으로 푹 자고 물을 많이 마시는 게 좋다. 오디션 현장에 도착해서도 마찬가지다. 오디션까지 시간이 많이 남았다고 함께 기다리는 대기자들과 수다를 떤다거나 친구들과 전화를 하는 것도 목에 무리를 가하는 행동이다. 준비한 노래를 들으며 차분한 마음으로 자신의 차례를 기다려라.

"못생긴 저도 연예인이 될 수 있을까요? 이 정도면 괜찮을까요?" 회사 이메일로 자신의 사진과 함께 이런 문의가 종종 들어온다. 이메일뿐만 아니다. 인터넷에 '연예인', '가수 지망'이라는 키워드로 검색만 해도 자신의 얼굴 사진을 올려놓고 평가해 달라는 질문이 반이 넘는다.

이런 질문은 정말 한심하게 느껴진다. 그럴 시간에 노래 연습을 더해 실력을 쌓길 바란다. 〈슈퍼스타K〉를 통해 데뷔한 허각이나 장재인, 조문근, 울랄라세션, 버스커버스커 등의 외모는 그리 뛰어나지 않다. 이미 몇 년 전 우리를 감동시킨 폴 포츠Paul Potts 역시 마찬가지다. 유튜브를 통해 그의 오디션 현장을 충분히 봤지 않나.

다시 한 번 스스로에게 물어보자. 왜 가수가 되고 싶은가. 이건 오디션 현장에서도 꼭 물어보는 질문이기도 하다. "제 노래로 다른 사람을 감동시키고 싶어요.", "모든 사람이 즐길 수 있는 노래를 해보고 싶어요.", "제 감정과 느낌을 노래를 통해 표현하고 싶어요." 그러기 위해서는 진심을 다해 노래를 부르는 게 기본이다. 내가 어떻게 보일까, 예쁘게 보이고 싶다, 스타가 되고 싶다, 이런 생각을 먼저 한다면 과연 그 가수가 좋은 노래를 들려줄 수 있을까?

물론 훌륭한 외모로 대중을 현혹하는 아이돌 그룹들도 많지만 대중들이 똑같이 그들을 사랑하는 건 아니다. 대중은 저마다의 취향을 갖고 있다. 2AM을 보더라도 어떤 이는 '깝죽'거리고 발랄한 매력의 조권을 좋아하고 또 다른 이는 강렬하고 남성적인 매력의 슬옹을 좋아하며 또 누군가는 다듬어지지 않은 창민의 4차원적인 매력을 좋아한다.

그러니까 예쁜 외모, 잘생긴 얼굴을 갖기보다는 대중에게 어필할 수 있는 당신만의 매력 포인트를 갖추는 게 더 중요하다. 예뻐야 한다는 강박관념을 버리고, 자신만의 매력을 먼저 찾자. 성형수술 등을 통해 타고난 얼굴을 바꿀 생각도 지금은 금물이다. 우선 자신을 돋보이게 하는 헤어스타일, 메이크업, 의상을 찾는 것만으로도 충분히 다른 지원자들과 차별화

될 수 있다.

연예인의 화장 전, 화장 후 사진이나 데뷔 전 사진들을 인 터넷에서 자주 볼 수 있다. 물론 타고나길 일반인과 차원이 다른 축복받은 유전자들도 있지만 전혀 못 알아볼 만큼 달라진 얼굴도 많을 것이다. 이는 꼭 성형수술 때문이 아니다. 메이크업 전문가, 코디네이터, 전문 트레이너, 피부 관리 등 기획사의 관리 및 기획으로 매력이 극대화되는 것이다. 메이크업만으로 눈이 훨씬 커 보이고 광대뼈가 작아 보일 수 있다.

트레이닝으로 얼굴이 점점 더 예뻐지고 멋져지기도 한다. 연습생 K는 얼굴 자체는 예쁘장하게 생긴 편이었다. 그런데 이상하게 우울하고 답답한 느낌이 있었다. K에게는 특별히 표정 관리가 필요했다. 우리는 K에게 매일 웃는 사진과 영상을 찍어서 보내라고 했다. "네 표정으로는 어떤 대중에게도 사랑받지 못해. 누구나에게 호감을 줄 수 있는 웃음을 지어봐." 3~4개월 뒤, K는 몰라볼 정도로 예뻐졌다. 성형수술 없이도 충분히 예뻐지고 멋져질 수 있다.

다만 다이어트 부분은 조금 다르다. 오디션을 위해 다이어트를 할 필요는 없지만 연습생이 되면 다이어트를 병행해야 한다. 대중들은 무대의상 위로 조금 튀어나온 뱃살도 용납하지 않는다. 대중들의 날카로운 시선도 그렇지만 가수 활동에는 상당한 체력 소모가 따르기 때문에 식이요법과 운동을 통한 체력과 몸매 관리는 필수다. 타고난 얼굴은 성형수술을 통하지 않는 한 변하지 않는다. 하지만 다이어트는 다르다. 살이 빠지면서 콧날이 살고 눈이 커져 몰라볼 만큼 예뻐진 연예인들이 수두룩하다. 다이어트는 독하게 마음먹으면 스스로 충분히 해낼 수 있는 일이다. 연예인들에게 다이어트란 자기관리다. 자기관리를 못하는 연예인은 연예인이 될 자질이 없다.

외모에 대해서는 단순히 예쁜가, 안 예쁜가의 생각에서 벗어나 자기관리로 생각하라. 자신의 매력을 찾는 자기관리, 그 매력을 최대한 어필하는 자기관리, 자기관리를 철저히 하는 사람이라는 이미지를 갖기 위한 자기관리.

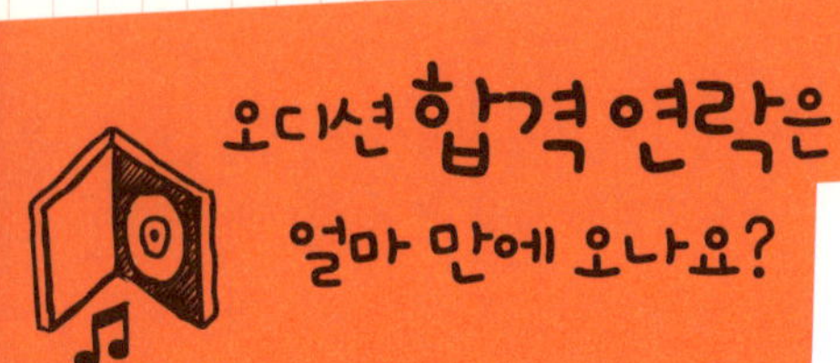

회사마다 다르지만, 내가네트워크의 경우 합격자에게는 일주일 안에 연락을 준다. 따라서 일주일에서 열흘 안에 연락이 안 온다면 불합격했을 가능성이 크다. "불합격자한테는 연락이 안 가나요?"라고 묻는 지원자들도 있다. 물론 모두에게 합격여부를 통보해주면 얼른 마음을 접고 다른 오디션 준비에 몰두할 수 있겠지만 사실 몇 백 명에 이르는 지원자들에게 일일이 결과를 알려줄 수 있는 시스템을 갖춘 기획사는 거의 없다.

현재 활동하는 가수들도 수없이 많은 오디션에서 떨어져 본 경험을 바탕으로 지금의 자리에 서 있는 것이다. 30~50번은 기본이고 200번을 떨어져본 가수도 있다. 따라서 기획사에서 연락이 안 온다면 재빨리 마음을 추스른 뒤, 왜 내가 떨어졌을까를 분석하고 다른 오디션을 준비하는 자세가 필요하다. 한두 번의 불합격을 실패라고 받아들이고 좌절해서는 안 된다.

합격 전화가 왔다고 마음을 놓아서도 안 된다. 2차, 3차에 걸쳐 비공개 오디션이 이어지는데, 점점 더 심사가 까다로워지고 다양한 재능을 요구하기 때문이다. 저음의 목소리가 매력적이라는 소리를 자주 들었던 연습생 K도 중저음의 발라드곡을 선곡해서 첫 오디션을 무사히 치렀다. 그런데 두 번째 오디션에서는 고음과 바이브레이션, 감정 표현이 중요한 R&B 곡을 불러야 했고, 세 번째는 댄스 음악을 불러야 했다. K가 모든 오디션을 통과하고 연습생으로 최종 합격될 수 있었던 건 합격 이후 오히려 더 많은 준비를 했기 때문이다. 자신의 단점을 알고 있었기 때문에 고음 연습에 집중했고 첫 오디션과 다른 색깔의 레퍼토리를 다양하게 준비했다. 상대적으로 댄스에 취약했기 때문에 유튜브 동영상을 분석하는 데도 많은 시간을 쏟았다.

1차 오디션에서 세 명을 뽑는다면 2차 오디션에서는 두 명, 3차 오디션에서는 한 명, 오디션이란 이렇게 끊임없는 경쟁과 생존의 세계다. 최종 합격자가 되기까지 긴장의 끈을 놓아서는 안 된다.

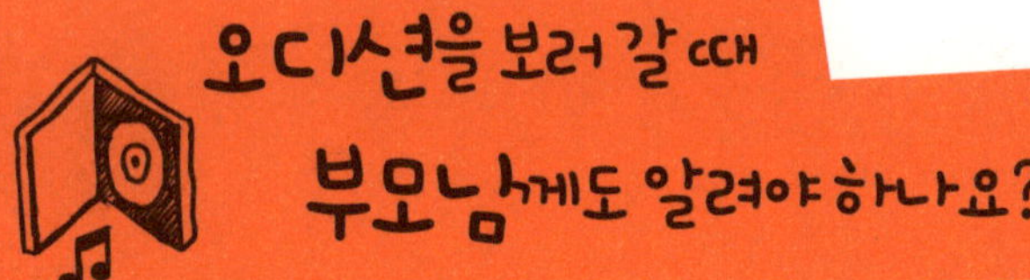

최근에는 지원자들 못지않게 자식의 꿈을 이루어주려고 적극적으로 지원해주는 부모님들이 많다. 오디션 현장에 지원자와 함께 손 꼭 붙잡고 함께 와주는 부모님들이 꽤 많아졌다. 이런 경우에는 아무런 문제가 없다. 문제는 부모님 몰래 오디션을 보러 오는 지원자들이다.

"아빠가 예전에 연예계 일을 좀 하셨어요. 그런데 일이 잘 안 풀려서 포기했어요. 제가 노래 잘하는 건 인정하시지만 절대 그 세계에 발 딛지 말라고 하세요.", "우리 엄마는 저한테 헛바람이 들었대요. 세상에 노래 잘하는 사람들이 얼마나 많은데, 어떻게 거기서 살아남아 가수가 될 거냐고요. 괜히 시간낭비하지 말고 공부나 하래요.", "우리 부모님은 제가 한의사가 되길 바라세요. 아빠가 한의사인데 아빠의 길을 잇게 하고 싶으시대요. 전 가수가 되고 싶은데 말이죠."

가수의 길을 반대하는 부모님의 사정은 저마다 다르지만 이런 상황에 막혀 이도저도 못하고 있는 지원자들의 마음을 이해 못할 바 아니다. 지원자들은 부모님 몰래 오디션을 보고 최종 합격해서 보란 듯이 인정받고 싶을 테고, 또한 언젠가 가수가 되어 부모님에게 성공한 모습도 보여주고 싶을 것이다.

그러나 부모님은 당신의 보호자다. 어디서 무엇을 하고 있는지, 다치거나 상처 받지는 않는지, 아직 어린 당신이 잘못된 길로 빠지진 않는지 항상 지켜보고 보호해줘야 할 의무가 있다. 학생 신분으로 부모님의 뜻을 무조건 거역한다면 그건 치기 어린 반항밖에는 되지 않는다. 그렇게 연습생이 된다 해도, 연습생 계약서는 보호자와 함께 써야 하기 때문에 부모님이 반대할 경우 계약을 진행할 수가 없다. 힘겹게 오디션을 통과해놓고는 그 기회를 날려버리는 일도 있으니 반드시 부모님의 허락을 구하자.

연습생으로 1년 가까이 생활하고 있는 송한희의 경우도 처음에는 보수적인 아빠의 반대에 부딪혔다. 송한희는 오디션

프로그램이나 가요 순위 프로그램도 아빠 몰래 봤어야 했다. 1차 오디션까지는 아빠에게 이야기할 자신이 없어서 친구와 함께 몰래 참여했다. 그런데 1차 오디션에 합격하자 용기가 생겼다. "아빠, 저 정말 가수가 되고 싶어요. 오디션에 합격한 거 봐요. 저 나름 소질이 있다고요."

그렇게 끈질기게 아빠를 설득한 결과, 아빠는 한희의 든든한 지원군이 되었다. 연습이 늦어질 때는 직접 데리러 오시고 종종 "얼마나 늘었는지 노래 한번 불러봐."라고 먼저 말하기도 한다. 한희는 부모님을 이렇게 부모님을 설득했다고 한다. "그냥 저 가수 하고 싶어요, 하면 어떤 부모님이 그래, 그렇게 해라,

하겠어요? 부모님을 설득하려면 제일 먼저 실력을 키워야 해요. 사실 부모님들은 자기 자식들이 얼마나 노래를 잘하는지 재능이 있는지 오히려 잘 모르시거든요. 이 정도면 부모님에게 보여줄 만하겠다 싶을 만큼 준비가 됐을 때 그때 보여드리는 거죠. 저희 아빠도 제가 오디션을 볼 만큼 가수의 꿈이 간절한 걸 나중에야 아셨어요. 기획사에서 인정할 만큼 실력이 된다는 것도 그렇고요. 실력과 진정성. 이 두 가지가 있으면 충분히 부모님을 설득시킬 수 있지 않을까요?"

실력으로 부모님을 먼저 설득시키지 못한다면 어떤 대중도 설득할 수 없다. 1차 오디션에서 부모님의 응원을 기대하기 힘들다면 2차 오디션에서는 꼭 부모님께 알리도록 하자. 다시 한 번 강조하지만 아무리 실력이 좋아도 학생의 신분으로는 기획사와 계약할 수가 없다. 꼭 보호자의 허락이 필요하다.

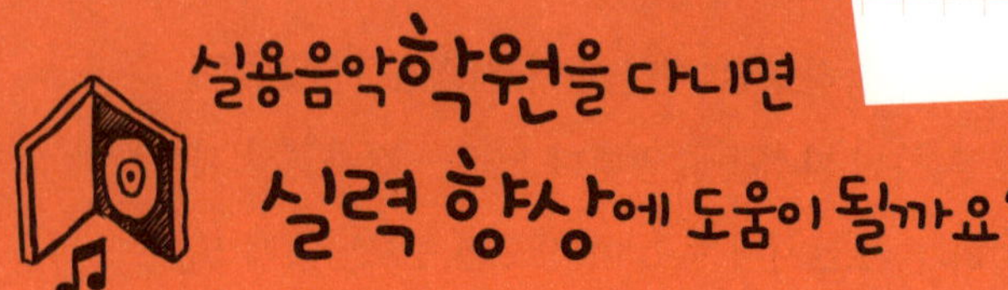

포털사이트에 '어떻게 하면 노래를 잘할 수 있을까요?'라고 100번 검색하거나 노래방에 하루에 한 번씩 다니는 것보다 전문적인 보컬 레슨을 받는 게 훨씬 낫다. 노래는 즐기는 것이기도 하지만 성대를 통해서 소리를 내고 호흡법에 따라 성량과 음역대가 달라지는 전문 영역이기도 하다.

보컬 트레이너는 단순히 이 노래 해봐라, 저 노래 해봐라 하며 지도를 하는 게 아니라 성대 관리부터 발성법 교정, 발음 교정, 풍부한 감성 표현을 위한 커뮤니케이션까지 당신의 잘못된 병을 고쳐주는 의사에 더 가깝다. 물론 노래를 잘 부르기 위한 일반적인 상식 수준의 지식들은 어디에서든 쉽게 접할 수 있겠지만 딱 나에게 부족한 게 뭔지, 뭐가 잘못돼 있는지를 객관적으로 분석해줄 수 있는 것은 트레이너밖에 없다.

좋은 보컬 트레이너들은 개개인의 특장점을 중심으로 한 '맞춤형 교육'을 강조한다. 모든 가수 지망생들이 저마다 다른 목소리를 갖고 있는데 자칫하면 뛰어난 노래 실력의 가수 한두 명의 모창법만 배울 수 있기 때문이다.

하지만 레슨만 받는다고 실력이 향상되는 건 아니다. 실용음악학원에 다니다 보면 관심사가 같은 또래들을 많이 만날 수 있기 때문에 오히려 그들과 어울리기에 바빠 연습을 소홀히 하는 경우도 많이 봤다. 우선순위가 뒤바뀌어 버리는 것이다. 레슨 후에는 항상 숙제가 주어진다. 충분한 연습을 통해 다음 시간까지 부족한 부분을 보완해나가지 못한다면 비싼 학원비를 학원에 기부하는 것밖에는 안 된다. 트레이너도 열심히 따라 오고 실력이 향상되는 학생에게 더 열의를 갖고 가르치며, 오디션 정보도 많이 전해줄 수밖에 없다.

웬만한 실용음악학원은 방음시설이 된 연습실을 갖추고 있다. 눈치 안 보고 마음껏 소리 지르며 연습할 수 있는 공간이다. 그런 소중한 기회를 놓치지 말고 기회를 철저히 이용하라. 다시금 강조하지만 오디션은 수능 시험과 다를 바가 없다. 수능을 코앞에 두고 시작하는 족집게 과외보다 더 효과적인 건 스스로 열심히 하는 예습, 복습, 숙제라는 것을 꼭 명심하도록 하자.

아이유, 성공의 비밀

가수에게 어떤 색깔을

입히느냐에 따라 달라진다

로엔엔터테인먼트

제작 이사 조영철

지금은 국민 여동생이 된 아이유. 솔직히 말하자면 데뷔 처음부터 지금의 인기를 누리진 않았다. 사실 아이유는 가수로 성공할 만한 모든 요인들을 갖추고 있었다. 음악적 감수성, 목소리의 톤, 리듬감, 사람을 대하는 태도 등 많은 것을 타고났다. 거기에 그 나이에 갖기 힘든 인간적인 내면을 지녔고 영리하며 머리까지 좋다.

그런데 왜 대중에게 사랑받기까지 좀 더 오랜 시간이 걸렸을까. 여기서 프로듀싱, 즉 제작의 역할이 중요해진다. 그 전까지는 아이유의 매력을 제대로 전달하지 못한 것이다. 물론 어린 나이와 귀여움도 아이유의 매력이었지만 더 중요한 건 3단 고음까지 소화하는 놀라운 가창력과 중성적이면서 독특한 목소리라는 것을 간과했던 것이다.

내가 프로듀싱하면서 초점을 맞춘 건 아이유의 음악적 재능과 귀여움을 적절히 매치시키는 것이었다. 〈좋은날〉은 이미지로는 아이유의 소녀적인 귀여움을 살리면서 가창력을 극단적으로 보여줌으로써 아이유의 매력을 제대로 전달했던 곡이 아니었나 싶다. 물론 이민수 작곡가가 아이유에게 너무나 잘 어울리는 곡을 써준 덕분이기도 하다. 이후 윤상, 정석원, 김형석, 김광진, 정재형 등 감수성 있는 아티스트들과의 콜라보레이션을 통해서 음악적 감수성과 이해력의 폭이 매우 넓은 가수라는 것을 증명한 것도 대중들의 폭넓은 지지를 받는 기반이 되었다.

각각의 기획사, 음반사에 따라 시스템이 다르기 때문에 프로듀서의 역할에 대해 정확히 정의 내리긴 힘들다. 하지만 개인적으로는 아이유처럼 아티스트가 갖고 있는 재능과 정서, 그리고 욕망을 대중이 바라고 원하는 것과 이어주는 역할이라고 생각한다. 그 사이에는 물론 아티스트와 대중의 니즈가 서로 잘 소통할 만한 '음반'이 있어야 한다.

그러려면 기본적으로 그 가수가 지닌 본질을 잘 알아볼 수 있는 눈도 있어야 하고, 대중들이 뭘 원하고 좋아하는지를 파악하는 마케팅 감각도 있어야 한다. 그것들을 잘 표현할 수 있는 음악과 무대, 비주얼적인 부분을 기획해내는 것은 물론이다. 그 뒤에는 아티스트, 스태프들과 함께 정해진 방향대로 음반이 잘 완성될 수 있도록 결정하고 도와주는 역할을 한다.

아무리 재능 많은 가수라고 해도 혼자 성공할 수 없다. 그렇다고 회사나 프로듀서가 아무 가수나 트레이닝을 시켜 스타를 만들어낼 수도 없다. 프로듀서의 입장에서는 좋은 아티스트를 발견하고 그의 잠재력을 더 성장시키고 그의 재능이 대중과 만날 수 있도록 다리를 놓아주고, 가수는 회사나 프로듀서가 기획한 방향을 믿고 열심히 연습하며 자신의 재량을 마음껏 펼치는 것. 이렇게 각자에게 주어진 역할에 충실해야 비로소 제대로 된 '스타'가 탄생되는 것이다.

연습생들에게 내가 자주 해주는 이야기가 있다. "아카데미 시상식에는 신인상이 없다!" 이는 '프로'로서 무대에 선 이상 기성이든 신인이든 똑같은 잣대로 평가받아야 한다는 뜻이다. 신인이라고 영화값이 싼 것도 아니고 CD값이 싼 것도 아니잖은가.

아티스트는 아티스트대로 자신의 역할을 충실히 해야 한다. 먼저 프로가 되어야 한다는 뜻이다. 신인이라고 조금 못한다고 "괜찮아, 신인이니까" 하며 봐주지 않는다. 당신이 프로다운 아티스트가 되었을 때, 프로듀서는 행복한 마음으로 그 아티스트를 대중과 만나게 해줄 수 있다.

Track 3

오디션 합격의 노하우

① 노래

-내가네트워크의 파워 보컬 트레이닝

Vocaltrainer Park Seongjun

내가네트워크 소속
가수들의
가창력을 만드는
보컬 트레이너
박성준

2NE1의 박봄, 윤하, G.NA, 서인국, 나윤권, 빅뱅의 대성까지 이들의 공통점은 무엇일까? 누구나 인정하는 최고의 보컬리스트들일 것이다. 또 한 가지, 박성준 보컬 트레이너의 제자들이다! 독특하게 피플크루 댄스팀으로 연예계에 발을 들여놓은 박성준 보컬 트레이너는 4MINUTE 허가윤, 시크릿 전효성, 이루, 루시드폴을 비롯한 국내가수는 물론 중국 가수 웨이천의 가창력까지 만들어주었다. 현재는 내가네트워크, TS, H엔터테인먼트, 젤리피쉬, 코어, 플레디스, 넥스타 엔터테인먼트의 데뷔 준비 중인 신인가수를 가르치고 있으며 파워보컬 사운드 실장을 역임하고 있다. 이런 그가 가수 지망생들에게 10년 동안의 노하우를 공개한다.

"선생님, 노래를 잘 부르고 싶어요!" 이건 당신만의 고민이 아니다. 보컬 트레이닝을 해온 10여 년 동안 수백 명의 학생들로부터 들은 이야기다. 처음 노래를 부르려고 하는 사람부터 기획사 연습생, 실용음악과 입시준비생, 취미로 노래를 배우는 일반인, 성우, 현재 무대에서 활동 중인 가수들까지 모두 어떻게 해야 노래를 잘 부를 수 있는지 묻는다.

연습생들은 이런 고민으로 상당한 스트레스를 받는다. 하지만 스트레스는 오히려 노래 실력에 큰 방해가 된다. 노래를 잘한다는 게 뭘까? 기준을 어디에 놓느냐에 따라 노래를 잘하고 못하고 평가가 달라진다. 어떤 연습생은 탁월한 곡 이해와 풍부한 감성으로 듣는 이들의 눈물을 그렁거리게 만들지만 음정이나 발성적인 부분은 아직 다듬어지지 않았다. 그렇다면 이 학생은 노래를 못하는 것일까? 평가 기준에 따라 노래 실력이 좌우된다고 말한 것은 이처럼 전문적인 부분이 조금 부족해도 절대 노래를 못하지 않는다는 뜻이다.

노래란 사전적으로 언어에 은율을 얹는 것이다. 따라서 노래하면서 전달하고자 하는 메시지를 잘 전달하는가, 노래 부르는 이의 감성을 듣는 이가 얼마나 공감하는가가 기준이 된다고 나는 생각한다. 이론적인 틀이나 다른 사람들의 의견에 너무 얽매이지 말고 내가 이 노래를 통해서 하고 싶은 말이 무엇인지를 먼저 생각하도록 하자.

그러고 나서 당신의 노래를 객관적으로 평가해줄 트레이너를 구하자. 축구선수를 예로 들어보자. 축구가 좋다고 혼자 공을 차고 놀고 있으면 영원히 축구선수가 될 수 없다. 이때 필요한 게 트레이너다. 트레이너는 당신의 실력을 제3자 입장에서 냉정하게 평가, 판단하고 그에 적절한 훈련을 시키며 순차적으로 실력을 높여 축구선수로 뛸 수 있게 해준다. 이 과정을 혼자서 하려고 하면 막연하고 잘못된 방법으로 트레이닝하기 쉽다. 당신도 마찬가지다. 어려서부터 곧잘 노래 잘한다는 소리를 들어왔고, 춤추고 노래할 때 너무 행복하고, 노래방에서 환호와 박수를 듣는다고 해도, 혼자만의 노래 세계에 빠져 있다 보면 발전하는 데 한계가 있다.

그럼 어떤 트레이너를 선택해야 할까. 당신에게 잘 맞으면서 자신의 스타일을 강요하지 않는 트레이너를 찾아라. 종종 여러 보컬학원을 다니다가 나에게 온 학생들을 보면, 몸에 잘못된 습관이 배어 있는 경우가 너무 많다. 트레이너들이 노래를 '가르치려고' 하기 때문이다. 앞서 말했듯 노래에는 정답이 없기 때문에 '이렇게 불러라', '저런 창법을 써라'라고 획일화하는 것은 무척 위험하다. 사람마다 목소리가 다르고 낼 수 있는 음역도 다르기 때문이다.

예를 들어 남자와 여자는 처음부터 성대의 길이가 비슷하게 태어난다. 그러다 변성기가 지나면서 남자의 성대가 길어진다. 성대가 길어지면 목소리가 저음에 가까워지고 짧으면 고음을 내기 쉽다. 여자 목소리 톤이 높은 건 이 때문이다. 그런데 변성기가 지나도 성대의 길이가 크게 달라지지 않는 남자도 있다. 그런 경우 고음을 내기가 다른 남자들보다 훨씬 편해진다. 사람들마다 각자 성대의 상태가 다른데 성대가 짧은 A군과 비교하며 'A는 고음이 되는데, 왜 너는 안 되니?'라고 하면 과연 좋은 레슨이 될까?

이런 식의 레슨을 받다 보면 당신만의 장점도 사라지고, 스트레스를 받게 되어 노래가 싫어지기도 한다. 당신의 목소리의 장점과 단점을 잘 파악하여, 장점을 최대한 살려주고 단점은 최대한 보완시켜주는 레슨을 찾도록 하자.

타고난 신동이 아니라도 가수가 될 수 있을까요?

오디션 프로그램을 보면 손예림이나 유민지, 최래성 등 어린 친구들이 '신동', '천재' 소리를 들으며 주목을 받았다. 이에 관한 재미있는 연구 결과가 있다. 3~4살의 유아들을 모아놓고 음악을 틀어놓았는데, 몇몇은 하던 일을 멈추고 음악에 귀 기울이고, 몇몇은 개의치 않고 계속 놀더라는 것이다. 일찍부터 음악에 귀 기울이던 아이들은 아마 우리가 신동이라 부르는 그런 아이들이 아닐까.

이런 친구들은 확실히 성장 속도가 다르다. 유치원 들어가기 전부터 TV에 나오는 마이클 잭슨, 서태지 같은 유명 댄서나 가수를 따라 춤추며 노래하고 기타나 피아노를 배운 친구와, 고등학생 때부터 음악에 관심을 갖고 가수 되기를 꿈꾼 친구가 있다고 하자. 두 사람 중 누가 더 가수 되기가 쉬울까. 당연히 앞서 말한 친구다.

그런데 이런 친구들에게는 몇 가지 안 좋은 점들이 생길 수 있다. 전문적인 지식 없이 좋아하는 가수의 노래를 모창하는 데만 치중하다 보니 그 가수의 안 좋은 습관까지도 배워버리는 것이다. 노래는 잘하는데 특정 발음을 촌스럽게 낸다거나 댄스 가수를 꿈꾸는데 트로트처럼 바이브레이션을 하거나 성대가 상하는 목소리로 노래를 부른다. 이런 잘못된 습관이 완전히 몸에 배어버리면 교정하는 데 상당히 많은 시간과 노력이 필요하다.

타고난 신동이 아닌 당신은 상대적으로 깨끗한 도화지와 같다. 어떻게 그림을 그리느냐에 따라 정물화가 되기도 하고, 풍경화나 추상화가 되기도 한다. 이런 친구들은 상대적으로 성대를 덜 다쳤을 가능성도 크기 때문에 발성 연습부터 시작해 다양한 음악 경험을 시키고 발음과 음정을 교정하면 오히려 훈련을 빨리 흡수할 가능성도 크다. 대신 앞서 말한 친구들과의 시간 격차를 줄이기 위해서는 서너 배의 노력이 필요하다는 사실을 잊지 말자. 남들이 일주일에 두 번, 한 시간씩 연습한다면, 당신은 일주일에 다섯 번, 하루 세 시간에서 다섯 시간까지 연습해야 한다.

지금이라도 전문적인 트레이닝을 시작하라. 공연을 자주 보러 다니는 것도 큰 도움이 된다. 우리가 듣는 앨범은 일정한 기준을 가지고 레코딩된 것이다. 잡음을 없애 톤을 깔끔하게 하고, 고음을 편집하고, 호흡하는 소리도 잘라내버린다. 물론 듣기에는 좋지만 이런 음악들을 계속 듣게 되면 우리의 귀도 정형화되어버린다. 소극장에서 펼쳐지는 연극이나 뮤지컬을 관람하면 이런 점들을 충분히 보완할 수 있다. 바로 눈앞에서 펼쳐지는 배우들의 연기와 생생한 목소리에 두어 시간 몰입하다 보면 그들의 에너지가 고스란히 당신에게 전달된다. 이런 체험은 슬럼프를 겪는 학생들에게 내가 종종 추천하는 방법이기도 하다.

어떤 곡으로 오디션을 준비하면 좋을까요?

오디션을 준비하는 학생들이 가장 많이 묻는 질문이다. 나는 이 질문만큼은 명확하게 답해줄 수 있다. '내가 가장 잘할 수 있는 곡'을 선택하라!

이렇게 정확한 답을 해주어도 학생들은 다시 물어온다. "제가 뭘 잘하는지, 제 스타일이 뭔지 잘 모르겠어요."

모든 창조는 모방에서 시작된다. 내 눈에 멋진 것, 좋은 것을 자꾸 보다 보면 그 위에 더 멋진 것, 더 좋은 것을 얹고 싶어진다. 노래도 마찬가지다. 성시경의 목소리를 좋아한다면 계속 성시경의 노래를 들어라. 성시경은 자신만의 목소리, 즉 '악기 소리'에 셈여림, 바이브레이션, 발음 등의 '악기 스킬'을 이용해 지금의 성시경이 된 것이다. 당신은 당신 목소리에 성시경의 '악기 스킬'을 얹어보자.

자기 스타일이 확실한 대표적인 가수들로 김범수, 나윤권 등이 있다. 그들의 노래가 흘러나오면 누구나 '아, 김범수 노래구나, 나윤권 노래구나' 하고 알 수 있다. 자신의 목소리로 담백하고 솔직하게 노래를 부르기 때문이다. 이렇게 꾸미지 말고 목소리 자체를 살려야 그게 곧 스타일이 된다. 자기 스타일이 잘 만들어지면 나 같은 사람은 나밖에 없고, 내가 누군가를 따라 하는 게 아니라 다른 사람들이 나를 따라 하게 된다.

어떻게 보면 스타일이란 만들어간다기보다는 찾는 것이라고 할 수 있다. 자신의 목소리를 찾는 가장 좋은 방법은 말할 때와 노래할 때의 목소리가 같은지 다른지 비교해보는 것이다. 만약 다르다면 둘 중 하나는 자신의 목소리가 아니다.

이 밖에도 오디션 선곡에서 꼭 알아두어야 할 주의점이 있다. 그해의 유행곡은 피할 것! TV프로그램 〈나는 가수다〉에서 임재범이 한창 화제가 될 때 오디션 참가자들은 너 나 할 것 없이 누구나 〈고해〉를 불렀다. 아무리 좋은 곡도 한두 번이지 계속 듣다 보면 지루해진다. 심사위원들도 마찬가지다. 심지어 홈페이지에 '다음의 곡들은 선곡하지 마세요. 선곡 시 불이익이 있을 수 있습니다'라고 공지해놓은 오디션 프로그램도 있었다.

노래를 더 돋보이게 하는 게 편곡이다. 〈나는 가수다〉에서 임재범이 불렀던 남진의 〈빈잔〉을 기억하는가? 김범수가 부른 조관우의 〈늪〉은? 원곡과 함께 들어보면 이게 과연 같은 곡일까 싶을 만큼 낯설고 파격적일 것이다. 이렇게 반주와 템포만 바뀌어도 곡의 느낌은 확 달라질 수 있다. 편곡이 쉽지 않은 일이긴 하지만, 기존의 노래를 편곡해서 오디션에 참가한다면 심사위원이 신선하게 느낄 뿐 아니라 지원자의 음악 재해석 능력에서도 높은 점수를 줄 가능성이 크다.

기획사의 오디션을 본다면 그 회사 소속 가수들을 분석하여 전략적으로 접근할 필요가 있다. 기획사들도 각 회사마다 선호하는 스타일이 있다. SM엔터테인먼트는 보아와 소녀시대로 대표되듯 트렌디하면서 예쁘장한 느낌을 선호하고, YG엔터테인먼트는 빅뱅과 2NE1처럼 힙합 음악을 추구하며 개성을 중요시한다. JYP엔터테인먼트는 흑인음악 특히 R&B를 추구하는데 비와 원더걸스처럼 외국 활동에도 큰 비중을 할애한다. 다른 중소형 기획사도 마찬가지다. 소속 연예인을 찾아보면 그 회사가 추구하는 특징을 찾을 수 있다. 그렇다고 소속 가수들의 타이틀 곡이나 너무 많이 알려진 곡을 선택하는 건 또 위험하다. 비교 대상이 확실하니까 오히려 그들보다 더 못한다는 인상을 심어 줄 수 있기 때문이다. 앨범에 수록돼 있되 상대적으로 덜 알려져 있는 곡이나 스타일은 기획사와 비슷한데 심사 위원이 처음 들어보았을 만한 곡을 찾아보도록 하자.

가수가 되려면 오디션보다 실용음악과에 진학하는 게 좋을까요?

대한민국은 오디션 열풍 중이다. 오디션 프로그램 인기가 높아지면서 오디션을 목표로 한 트레이닝을 받으러 오는 학생들이 많아졌지만 그와 동시에 실용음악과 진학률도 높아졌다. 얼마 전 신문 기사를 보니 올해 실용음악과 경쟁률이 평균 100대 1 이상이며, 인기 대학의 경우는 450대 1을 웃돌기도 했다고 한다. 오디션에 떨어진 학생들이 실용음악과를 가기 위해 다시 입시반에 들어오기도 하고, 전문적인 대학 과정을 밟으면서 오디션을 보려고 실용음악과 진학을 꿈꾸기도 한다.

실용음악과에 진학하면 기본기를 더 갖출 수 있기 때문에 가수가 되는 데 더 유리할 수는 있어도 어떤 것이 가수가 되는 지름길이라고 딱 집어 말할 수는 없다.

 기획사 오디션은 앞서
말한 대로 각 기획사가 추구하는 스타일을 기준으로 자신의 장
점과 개성을 최대한 살리고, 음악 장르나 보컬 스타일, 춤 모두
엔터테인먼트에 좀 더 가깝도록 강조하는 게 좋다.

반면 입시에서는 분명한 틀이 요구된다. 오디션에서는 음
정, 박자가 잘 맞지 않아도 감성과 목소리만으로 합격될 수 있
는 반면 입시에서는 음정, 박자, 호흡 모두가 다 정확해야 한다.
더 객관적인 심사를 위해 무반주로 입시를 치르는 학교도 있다.
학교마다 중요시하는 게 다르기 때문에 실용음악과에 진학하
겠다고 다짐한 순간부터 목표 학교를 정하고 입시를 준비하는
게 좋다. 오디션에서는 노래, 춤 둘 중 하나만 잘해도 큰 문제가
없지만 입시에서는 악기나 노래, 춤 모두 잘할 경우 가산점이
붙는다. 이 점을 잘 알아두고 자신의 꿈과 목표에 맞는 현명한
준비를 하길 바란다.

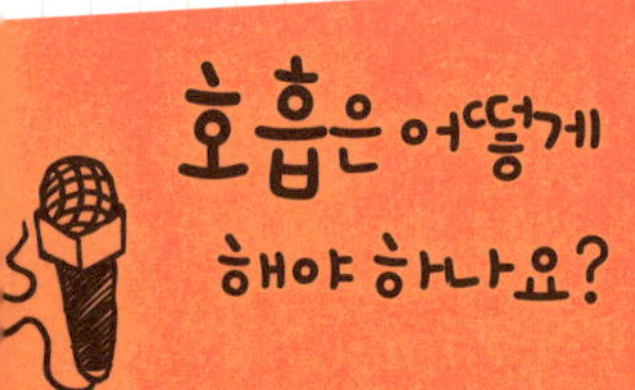

"호흡 잘하는 비법을 알려주세요." 이런 질문을 하는 학생들이 있다. 흔히들 노래를 잘하려면 호흡이 중요하다, 복식호흡을 해야 한다고 말하는데, 이는 꼭 정확한 정보라 할 수 없다. 특히 이런 정보들에 의존해 호흡하는 데 과도하게 신경을 쓰다 보니 성대나 후두가 긴장해 목소리가 제대로 안 나오는 경우가 더 많다.

우리는 생활 속에서 숨도 쉬고 이야기도 하고 운동도 한다. 그런데 이럴 때에도 숨이 찰까? 아니다. 유독 노래 부를 때만 숨이 찬다. 이는 호흡을 잘하고 못하고가 아니라 '호흡 조절'을 제대로 하지 못한다는 뜻이다.

사람의 목소리는 호흡을 통한 성대의 작용으로 나는 것이다. 똑같은 말은 해도 어떤 사람의 이야기는 차분하고 침착하게 들리는데 어떤 이는 흥분하거나 화난 것처럼 느껴지는 경우가 있다. 앞의 사람은 성대가 안정적으로 여닫히고, 뒤의 사람은 잘 안 닫히기 때문이다. 우리가 숨을 들이쉬면 공기는 폐로 들어가고 그때 성대가 함께 열린다. 반대로 숨을 내쉬면 공기는 폐 밖으로 나가며 성대가 닫히게 된다. 목소리는 성대가 닫혀 있을 때 나온다.

이때 성대가 안정적으로 열렸다 닫혔다 하면 맑고 깨끗한 소리가 난다. 반면 성대가 잘 안 닫히면 1초에 1의 공기가 나가야 하는데 1초에 4~5씩 나가버린다. 당연히 공기가 새는 목소리, 즉 허스키보이스가 나오는 것이다. 이런 경우 공기를 아무리 많이 먹어도 소비되는, 즉 새어버리는 양도 많다. 여기서 호흡을 효율적으로 쓰지 못하는, 에너지가 많이 소모되는 노래 부르는 습관이 만들어지는 것이다.

노래 한 곡을 부를 때 앞부분에서 공기를 확 써버린다면 어떤 일이 벌어질까? 뒷부분에서는 호흡이 딸려서 바이브레이션이 안 될 뿐더러 끝음 처리도 안 되고 불안정한 음색을 내게 된다. 게다가 이렇게 성대가 잘 안 닫히면 성대가 건조해져 성대 결절이나 폴립 등의 질환이 발생한다. 그래서 호흡을 잘 조절하는 게 중요하다.

그럼 호흡 조절을 잘하려면 어떻게 해야 할까. 흔히 배로 호흡(복식호흡)하라고 하는데 한번 배와 가슴을 만져보자. 아무리 신경 써서 호흡한다 하더라도 배로만 호흡할 수 있을까? 실제로 공기는 배가 아니라 폐로 들어간다. 인체도를 들여다보면 배와 폐가 연결되어 있지 않음을 알 수 있다. 우리가 말할 때나 숨 쉴 때 의식적으로 호흡하지 않아도 배와 가슴으로 적절히 호흡하고 있다는 말이다.

"얼마 전에 TV에서 성악가가 노래 부르는 걸 봤는데 배가 올라갔다 내려갔다 하던데요, 그게 복식호흡 아닌가요?"

나는 그 성악가에게 먼저 내장지방을 빼라고 말하고 싶다. 복식호흡은 횡격막(가로막)을 이용한 호흡이기 때문에 호흡을 들이마실 때 횡격막이 아래쪽으로 내려가게 되는데 이때 횡격막 아래 있는 장기들이 밀려 내려오면서 배가 나오게 되는 것이다. 배 뒤쪽에는 단단한 척추가 있어 앞쪽으로 더 튀어나오는 것이다. 운동을 통해 배 근육을 잘 발달시킨 사람은 복식호흡을 하더라도 배가 나오지 않는다.

따라서 배로 호흡을 하기 위해서 억지로 배를 움직이면서 연습할 필요가 없다. 오히려 스트레스만 더 받을 것이다. 대신 호흡을 안정적으로 조절하는 것, 필요한 만큼 공기를 들이쉬고 내뱉는 것. 그리고 공기에 성대가 잘 활용되는지 이 부분을 신경 써서 연습하도록 하자.

목이 쉬는 건 성대가 건조해졌을 때 나타나는 현상이다. 앞서 말했듯이 좋은 노래와 목소리는 성대가 안정적으로 여닫히면서 나온다. 성대가 제대로 닫히지 않으면 공기가 한꺼번에 빠져나가면서 성대가 붓고 목이 쉰다.

목이 쉬는 두 번째 이유는 후두 긴장 때문이다. 쉽게 설명하자면 '도'라는 소리를 내려면 100번 움직여야 하고 '레'라는 소리를 내려면 200번을 움직여야 하는데, 후두가 긴장돼 성대가 움직이는 걸 방해하는 것이다. 그러면 '도'나 '레'음을 뜻하는 대로 낼 수 없고, 성대가 피로감을 느껴 목이 쉰다. 이렇게 음의 높낮이에 따라서 후두가 긴장을 해 과도하게 올라가거나 내려가는 현상을 '후두 과운동'이라고 한다. 흔히 '목으로 소리를 낸다'고 하는 게 이런 경우를 일컫는다.

하악근이 긴장했을 때도 마찬가지다. 턱 근육과 혀, 하악근 등은 모두 연결돼 있는데 이중 하나라도 긴장하게 되면 성대 긴장이 따를 수밖에 없다.

발성법이 안정적이지 않아서 목소리를 오남용할 때도 목이 쉴 수 있다. 큰 소리로 이야기하거나 필요 이상으로 말을 빨리 하는 것, 너무 높게 이야기하거나 낮게 이야기하는 것 모두 목소리 오남용에 속한다.

먼저 말하는 습관을 한번 돌아보자. 혼잣말로 다음을 발음해본다. "가나다라마사바, 아야어여오요우유으이", "밥 먹었니?", "어제 뭐했니?", "오늘 뭐할 예정이니?"

이때 나오는 목소리가 바로 노래를 부르는 목소리여야 한다. 학생들 중에서 노래 부를 때의 목소리와 평소 목소리가 다르다고 고민하는 친구들이 꽤 많다. 결론적으로 말하자면 좋은 건 아니다. 원래 노래를 부를 때도 자신의 목소리를 편하게 낼 수 있어야 좋은 가수다. 다시 말해 **노래할 때 내 목소리가 아닌 다른 목소리로 부르려고 하면 목에 무리가 가고 목이 쉬는 것이다.**

이렇게 목이 쉬었을 때는 다른 방법이 없다. 무조건 쉬어야 한다. 성대는 간처럼 스스로 아픈 걸 못 느낀다. 목이 쉰다는 건, "나 너무 아파요, 쉬어야 해요." 하고 성대가 아우성치는 거라고 생각하면 된다. 의사의 처방대로 물을 많이 마시고 말은 아끼며, 약도 잘 챙겨먹도록 하자. 목을 낫게 하는 데 이보다 좋은 건 없다. 그런데 가수 되고 싶어 하는 친구들은 쉬는 것을 잘하지 못한다. 하루라도 노래를 안 하면 엉덩이에서 뿔이라도 날 것처럼 불안해하고 조바심을 낸다.

거듭 말했듯이 목이 자주 쉬다 보면 성대 결절이 생기고 심하면 폴립이 생겨 수술도 받아야 한다. 이때는 몇 개월 동안 음성 치료를 병행하는데 좀처럼 낫지 않는다. '영원히 노래 부르지 못한다'라는 사형선고를 받을 수도 있으니 목은 아끼고 또 아껴서 사용하도록 하자.

프로 골퍼들은 경기가 끝난 뒤 집 대신 실내골프 연습장을 간다고 한다. 실내골프 연습장은 실제 필드보다 경기하기에 더 안정적인 장소여서 경기 도중 긴장됐던 몸을 원상태로 회복시키기 좋다고 한다. 경기장에서 잔뜩 긴장했던 몸을 실내골프 연습장에서 풀어주고 올바른 자세로 만들고 나서야 집으로 돌아가 제대로 된 휴식을 취한다는 것이다.

노래도 마찬가지다. **좋아하는 노래를 마음껏 즐기기 위해서는 가장 좋은 컨디션을 유지하는 게 중요하다.** 발성 연습을 통해 목도 잘 풀어주고, 편안한 상태를 유지해 불필요한 긴장을 줄이고, 항상 목이 원상태로 돌아올수록 조절해주도록 하자.

10년 전 파워 보컬 수석 트레이너인 노영주 선생님을 만났을 때 나는 "선생님, 사람의 음역은 정해져 있나요?"라고 물었다. 이런 내 질문에 선생님은 아무렇지 않게 "그럼."이라고 대답해주었다. '당연히 정해져 있지 않지. 네가 노력하는 것에 따라 음역을 훨씬 넓어질 수 있단다' 같은 희망적인 대답을 기대했던 나는 선생님의 대답에 무척 실망했다.

한때 나도 가수가 되고 싶었다. 어렸을 때 노래 잘한다는 소리를 꽤나 들었는데, 댄스 가수를 하고 싶어 춤을 배우다 보니까 변성기가 지나버렸다. 잘 불렀던 노래를 다시 불러 보니 후렴부분이 잘 올라가지 않아 억지로 소리를 내려다 보니까 목이 다 쉬어버렸다. 그때 느낀 절망감은 지금도 잊혀지지 않는다. '예전에는 다 되었는데, 왜 안 될까?', '내 목소리를 잃어버린 게 아닐까?', '정말 음역이 정해져 있을까? 그렇다면 레슨 받을 필요가 있을까?'

시간이 흘러 선생님과 내가 다른 기준으로 '음역'을 생각했다는 걸 알 수 있었다. 변성기가 지나면 성대는 다 자란다. 이건 변할 수 없는 사실이다. 이 기준으로 본다면 음역이 정해지는 게 맞다. 그런데 여기서의 음역이란 훈련을 거치지 않은, 내 성대를 모두 활용하지 않았을 때 나는 음역이다.

목소리는 성대 진동이 빨라질수록, 성대가 길수록 높은 음이 난다. 기타에서 줄을 조이면 조일수록 더 높은 음이 나는 것과 마찬가지다. 그럼 발성 연습과 목 스트레칭을 통해 성대 진동을 스스로 더 빨리 하고, 성대를 길게 했다, 줄였다를 조절할 수 있다면 고음을 더 잘 낼 수 있지 않을까?

성대 진동을 효과적으로 하기 위한 운동 방법을 소개한다.

첫 번째, 입술 떨기. "부~~~~~~~~~~" 하고 입술로 바람을 부는 것인데, 성대 스트레칭을 하는 가장 기본적인 방법이다. 이렇게 저음에서 고음을 반복하도록 한다.

두 번째, 한 손으로 입을 막고 바람이 살짝 지나가도록 세

게 부는 것이다. 이때 소리를 내려고 하지 말고, 입 밖으로 나가려는 바람을 손으로 막으려는 느낌으로 한다.

이런 스트레칭을 반복하면 성대를 스스로 조율할 수 있는 힘이 생겨 고음을 훨씬 쉽게 낼 수 있다.

그런데 여기서 반드시 알아두어야 할 것이 있다. 고음에 대한 압박감을 좀 버려야 한다는 것. 교회 성가대의 노래를 한번 떠올려보자. 높은 음은 상당히 잘 올라가는데 소리에 힘이 없다. 운동으로 치면 몸은 유연한데 근력이 약한 느낌이다. 내가 운동을 한다고 하루아침에 박지성과 손리처럼 울퉁불퉁한 근육의 소유자가 될 수는 없다. 또한 체질적으로 그런 몸을 가질 수 없는 사람도 있다.

결론적으로 높은 음을 잘 낸다고 노래를 잘하는 건 아니라는 거다. 가수에게 고음은 '필요'하긴 하지만 '필수'는 아니다. 단기간에 고음을 낸다고 목에 무리를 주는 것보다는 고음 연습은 장기적으로 생각하고 내 목소리를 먼저 찾는 것이 제일 중요하다.

가수가 되고 싶다면 꼭 고쳐야 하는 게 발음이다. 앞서 말했듯이 노래란 자기가 전하고 싶은 메시지에 은율을 얹어서 전달하는 것이다. 그런데 발음이 안 좋다면? 연인에게 사랑하는 마음을 전하고 싶은데 발음이 안 좋아서 "널 싸랑해, 내가 얼마큼 싸랑하는지 알아쮜."라고 한다면 연인은 감동하기는커녕 코웃음을 칠 것이다.

요즘 발음이 안 좋은 학생들이 점점 더 늘고 있다. R&B나 힙합 음악을 자주 들어서 그런 것 같다. 자기가 좋아하는 가수의 노래를 자주 듣고, 모방하다 보면 발음도 저절로 그 가수처럼 된다. 노래를 시작한 지 얼마 되지 않았다면 최대한 정확한 발음을 구사하려 노력하고, 가사 전달이 잘 되는 가수의 노래를 즐겨 들어라.

정확한 발음 훈련으로는 주로 입에 볼펜을 물리고 노래를 부르게 하는 방법이 있다. 입에 볼펜을 물면 턱과 입술, 혀가 모두 움직이기 힘들다. 그렇기 때문에 정확한 발음을 내기 위해 얼굴 근육들은 상당한 노력을 한다. 이렇게 한 뒤 입에서 볼펜을 떼고 노래를 하면 발음이 훨씬 정확해진다. 그런데 신기하게도 시간이 흐르면 다시 안 좋은 발음으로 돌아와버린다.

왜 그럴까? 문제는 내 목소리를 내가 못 듣기 때문이다. "지금 내 목소리 들리세요?"라고 발음해보자. 내 귀에 내 목소리가 들리는가? 들린다고 대답하는 사람은 진짜 내 목소리가 들리는 게 아니라 내가 한 말을 머릿속에서 기억하고 제대로 발음하고 있다고 착각하는 것이다. 말한 것에 집중하지 말고 귀에 집중해보자. 그럼 잘못된 내 발음이 잘 들린다.

좀 더 쉬운 예를 들어보자. 나는 팔자로 걷는다는 지적을 많이 받았다. 이 걸음걸이를 고치고 싶어 일자로 걸었더니 잘 걸어진다. 그런데 잠시 후 무의식중에 또 팔자로 걷고 있다. 과연 팔자로 걷는 내 습관이 고쳐진 걸까.

아니다. 일자로 걷는 건 어렵지 않다. 일자로 걷겠다고 매 순간마다 의식하고 신경 쓰는 게 어렵다. 발음도 마찬가지다.

잘못된 발음을 순간적으로 바꿀 순 있지만 계속 인지하고 순간 순간 올바른 발음을 내려고 하는 게 힘들다.

이렇게 발음을 교정하려면 우선 말하는 습관부터 바꿔야 한다. 앞서 말했듯이

두 번째는 책을 읽을 때 연음으로 읽지 말고 똑똑 끊어서 읽는 것이다. '철수와 영희가 노래를 한다'라는 문장이 있다면, '철/수/와/영/희/가/노/래/를/한/다'로 끊어서 익숙해질 때까지 반복한다. 입에 어느 정도 익었다면 그 다음엔 '철수와/영희가/노래를/한다'라고 말해보고, 그 다음에는 '철수와 영희가/노래를 한다' 이렇게 발음한다. 읽는 데만 정신이 팔려 내 귀에 제대로 발음이 안 들린다면 처음부터 다시 연습한다.

발음 연습을 위한 노하우로 모음과 자음을 분리해서 소리 내는 방법이 있다. 'ㄱ'을 발음해보자. '기역'이라고 읽힌다. 그럼 이번에는 '기역크' 식으로 혀를 살짝 떨어뜨리듯 발음한다. 이때 '크'는 영어 발음처럼 약하게 발음해보자. '니은'은 '니은느', '디귿'은 '디귿드', '리을르' '미음므' '비읍프' '이응으' 이런 식의 자음과 모음을 분리해서 소리 낼 경우 소리의 전달뿐만 아니라 가사 전달도 효과적으로 할 수 있다.

입에 볼펜 물고 연습하기

문장 끊어 읽기

철수와 영희가 노래를 한다

철/수/와/영/희/가/노/래/를/한/다

철수와/영희가/노래를/한다

철수와 영희가/ 노래를 한다

자음과 모음 분리하기

ㄱ – 기역크
ㄴ – 니은느
ㄷ – 디귿드

리듬을 타면서 노래를 부르면 모두 웃어버려요

"하나 둘 셋 넷, 둘 둘 셋 넷!"

학교에서 하는 기본 스트레칭부터 군대 구호까지 박자는 생각보다 깊이 생활 속에 들어와 있다. 하물며 흥겨운 공연을 보며 치는 박수조차도 박자에 맞춰서 친다.

그런데 이 박자감이 아주 뛰어난 사람들이 있다. 노래하는 친구들 중에서 "어, 노래 좀 하네? 왠지 노래가 맛있는걸?" 하며 유심히 듣다 보면 목소리나 음정은 남들이랑 비슷한데 유난히 리듬을 잘 탄다. 4분의 4박자, 3분의 4박자에 딱 맞춘다는 게 아니라 기본 박자감이 완전히 몸에 배어 있어서 활용을 잘하는 것에 좀 더 가까울 것이다. 그냥 노래하는 듯한데 음을 갖고 노는 것 같은 느낌이 들고, 생각지도 못한 곳에서 애드리브를 하고,

편하게 말을 거는 것처럼 노래하는 가수들은 모두 리듬감이 좋은 경우다. 리듬을 잘 타면 앞서 말한 자모음을 분리시킨 발음법도 잘 활용하고 그루브감도 저절로 생긴다.

그래서 리듬 레슨은 보컬 트레이닝에서 상당히 중요한 비중을 차지한다. 가장 기본적인 트레이닝이지만 생각보다 따라 하기 어려운 연습법을 하나 소개한다.

"학교 종이 땡땡땡

어서 모이자(아)

선생님이 우리를

기다리신다."

이 짧은 노래는 학교에서 배웠다시피 4분의 4박자다. 이 노래를 기준박에 박수를 치며 한번 불러보자.

"학교 종이 땡땡땡

어서 모이자(아)

선생님이 우리를

기다리신다(아)."

간단한 동요여서 쉽게 느껴지지만 긴 가요로 연습하기 시작하면 자꾸 엇박으로 박수를 친다거나 박자보다 먼저 혹은 뒤늦게 박수를 치는 등 금세 노래가 엉켜버린다. 이 연습은 한 곡을 완벽히 마스터할 수 있을 만큼 반복해야 효과를 볼 수 있으

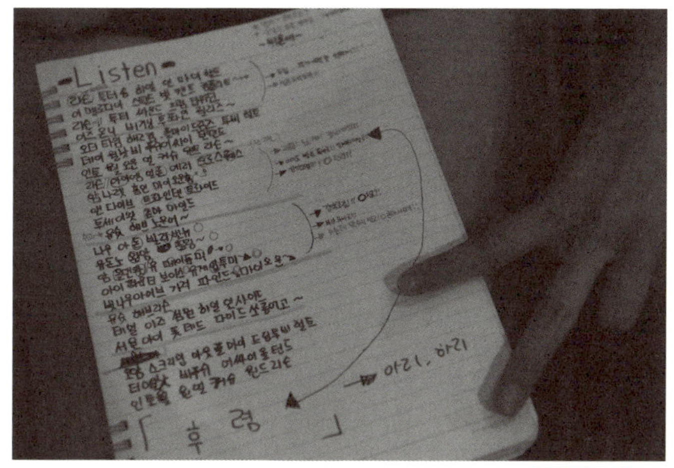

_송한희의 노래 노트

니, 평소 좋아하는 가요를 골라 수시로 박수를 치며 노래 연습
을 해보자.

　악기를 배우는 것도 도움이 된다. 특히 드럼은 리듬감을 익
히기 가장 좋은 악기로 알려져 있다. 그런데 노래를 잘하는 것
과 드럼을 잘 치는 것은 또 완전히 별개다. 드럼에서의 리듬감
이 손과 발의 움직임으로 이루어진다면 노래에서의 리듬감이
란 노래 부를 때 쓰이는 근육들이 리듬을 타는 것이기 때문이
다. 따라서 내가 노래 부르는 원리를 잘 파악하고 어느 위치를
어떻게 움직여서 소리를 내는지 분석이 된다면 그 부분들에 리
듬감을 부여하는 건 트레이닝으로 충분히 가능하다.

'난 발라드 가수가 될 거니까 리듬감은 좀 없어도 돼'라고 생각하는 학생이 있다면 그건 오산이다. 나는 고음보다 리듬감을 더 강조한다. 리듬감을 곁들이면 발라드의 맛이 달라진다. 리듬감을 양념이라고 생각하자. 소금과 간장을 안 친 요리와 적절히 뿌린 요리가 있다면 당신은 무엇을 선택하겠는가. 간이 안 된 음식을 좋아하는 사람은 없다.

그런 면에서 최근 오디션 프로그램 〈K팝스타〉에서 준우승을 한 이하이가 주목할 만하다. 유튜브 등 동영상을 통해 이하이의 무대를 반복해서 본다면 좋은 리듬감이 무엇인지에 대한 감을 잡는 데 도움이 될 것이다.

이 질문을 던진 당신의 나이는? 열다섯 살? 스무 살?

감정을 살리기 위해서는 정말 다양한 감정이 가슴속에 깊이 담겨져 있어야 한다. 그런데 그 많은 감정을 느끼기에 15년이나 20년은 너무나 짧은 시간이다. 요즘은 유치원 때부터 여자친구, 남자친구를 사귄다고 하지만 정말 누군가를 진심으로 사랑해봤을까, 이별을 한 뒤에 몇날 며칠을 그녀의 집 앞에서 그녀를 기다려본 적 있을까, 고백 채 못하고 군대에 보낸 풋사랑이 갑자기 사고로 죽었다는 소식을 들었을 때의 마음을 알까.

이런 경험들은 사람의 감정을 깊이 있고 풍부하게 만든다. TV에서 집안 환경이 유난히 어려웠거나 불안한 환경을 딛고 노래하는 가수들을 보면 왠지 모르게 뭉클하고 노래 속에 빠져 들어가는 것은 단순히 기분 탓만은 아닐 것이다. 그렇다고 트레이닝을 안 하고 연애를 하라거나 안정적이고 행복한 가정환경을 탓하라는 게 아니다.

이런 **감정을 표현하는 데 필요한 게 바로 관찰력과 상상력이다.** 이 두 가지는 예술가가 되기 위해 갖춰야 할 가장 기본적인 자질 중에 하나인데, 우선 관찰력은 카피하는 데 많은 도움이 된다. 영화 〈어매이징 스파이더맨The Amazing Spider Man〉을 보고, 보통 사람은 스파이더맨이 빌딩과 빌딩 사이를 오가는 액션에 빠져들고 악당이 도시를 파괴하는 상황에 분노하며 위기 속에서 스파이더맨이 세상을 구하고 연인과 키스를 나누기를 간절히 바란다. 그런데 관찰력이 뛰어난 사람은 다르다. 어린 시절 이유도 없이 사라져버린 아버지 없이 살아야 했던 주인공의 건조한 감정세계, 영웅심리에 먼저 사로잡혀 이성을 잃는 10대의 철없는 행동들, 먼저 연락은 못하고 연인을 멀리서 바라봐야 했던 스파이더맨의 심리를 찾아서 세심히 관찰한다. 남들이 놓치는 장면과 감정의 흐름을 잡으면 주인공이 되어 스스로를 대입하기가 훨씬 편해진다.

두 번째는 상상력이다. '어머니는 짜장면이 싫다고 하셨어' 하는 노래 가사를 듣고 "에? 우리 엄마는 짜장면을 좋아하는 걸.” 하고 생각해버린다면 감정이 실린 노래를 부르기 어렵다. ‘왜 하늘은 너를 데려가는지……’라는 가사를 듣는다면 사랑하는 사람을 죽음으로 잃는 상황을 상상해 한 번도 제대로 해보지 못한 이별일지라도 진심으로 해본 것 같은 느낌을 가져야만 그 노래를 제대로 부를 수 있다.

그런데 우리나라 국민들은 이런 이입 능력이 다른 민족들보다는 탁월한 것 같다. 드라마나 영화를 보고 펑펑 운다거나 영화 〈아저씨〉를 보고 원빈이 된 것처럼 근육을 키우고 거울 속을 수없이 들여다보는걸 보면 관찰력과 상상력을 조금만 키운다면 누구나 감정을 풍부하게 표현할 수 있을 것 같다.

감정 이입을 어려워하는 친구들에게 내가 권하는 방법은 바로 연기다. ‘어머니는 짜장면이 싫다고 하셨어’라는 한 문장의 가사를 한번 풀어보자. 지긋지긋한 가난 속에서 허름한 차림새로 나란히 걸어가고 있는 엄마와 아들, 골목길에서 풍겨져 나오는 짜장면 냄새에 아들이 엄마의 손을 이끌고 짜장면을 사달라고 조른다. 엄마는 못 이긴 척 짜장면집에 들어가 아들 것만 시켜주신다. “엄마는 왜 안 먹어요?” 하고 아들이 물었더니 엄마는 “엄마는 짜장면 싫어해, 너나 많이 먹으렴” 하고 그릇을 내밀어준다. 아들은 ‘아, 엄마는 이 맛있는 걸 싫어하는

구나' 하면서 짜장면 소스를 얼굴에 잔뜩 묻혀가며 허겁지겁 짜장면을 먹는다.

이 한 문장의 가사는 이와 같이 30분, 길게는 한 시간의 상황극으로 만들어질 수 있다. 이런 상황 속에 주인공이 되어 직접 대사를 읊어본다면 저 가사 안에 얼마나 많은 그리움과 안타까움이 묻어날 수 있을까.

노래를 잘하는 친구들의 또 다른 공통점은 이성적이지 않다는 것이다. 노래에 취한 가수들의 눈빛을 보면 그는 지금 이 무대에 없다. 가사 속 상황에 가 있다. 당신이 노래 부르며 관객이나 심사위원과 말똥말똥하게 눈빛을 마주친다면 아직 감정이입에 대해 이해를 못한 것이다. 당신이 부르는 노래 가사 속에 있어라. 그게 사람의 마음을 움직이는 노래가 된다.

　보컬 트레이너라고 하면 다들 실용음악과를 나왔을 거라 생각하지만 나는 방송연예과를 나왔다. 방송연예과에서 배운 연기 레슨, 모델 레슨, 카메라 영상 관련 레슨과 열일곱 살 때부터 백업댄서로 춤추며 무대에서 가수들과 활동했던 경험은 노래 레슨에 많은 도움이 된다. 내가 하는 레슨 중에는 '무대 액팅 레슨'이 있다. 다른 아카데미에는 없는 독특한 커리큘럼이다.

　액팅 레슨에서는 먼저 누구나 알 만한 노래를 틀어놓는다. 노래를 하나의 작품이라고 표현한다면 그 작품에 감정을 몰입하는 방법을 몸으로 느껴보고 표현하는 레슨이다.

　연습생들이 표현하는 특징적인 액팅 중 작품과 자연스럽게 어울리는 액팅이라 판단되면 터치하지 않는다. 습관적으로 나오는 액팅은 자제시키며 액팅의 위치와 타이밍을 어울릴 만한 자리에 배치하기도 한다.

무대 액팅은 최대한 자연스러워야 한다. 너무 많은 신경을 쓰게 되면 정작 노래하는 데 방해가 되기 때문이다.

오디션 프로그램을 보면 심사위원뿐만 아니라 시청자인 나에게도 지원자가 얼마나 떨리고 자신 없어 하는지 눈에 보인다. '노래 실력'에만 집중하고 카메라에 보이는 스스로는 신경 쓰지 않기 때문이다. 따라서 다른 사람의 시선에 맞춰 일일이 몸동작을 맞추어보는 이런 액팅 레슨은 필수적이다.

데뷔 전 잠깐이지만 함께 연습했던 2NE1에 박봄, 발라드 가수 이루, 지금은 댄스 가수로 활동 중인 유키스의 훈도 액팅 레슨을 통해 무대에서 훨씬 자유로운 움직임을 소화하고 있는 대표적 가수다.

종종 프로 가수들의 연습 영상이 유튜브나 포털사이트에 올라온 걸 봤을 것이다. 30초 남짓한 이 영상은 사실 기획사에서 몇 달씩 찍은 것이다. 프로 가수들도 카메라가 "큐!" 하는 순간 바로 표정을 바꾸고 매력적인 포즈를 잡을 수 있는 건 아니다. 몇 달에 걸쳐 찍고 찍은 것들을 모아다가 편집해야지 겨우 대중들에게 보일 만한 완성도 높은 영상이 나온다.

외국 가수들의 경우는 더하다. 비욘세는 보컬 트레이너뿐만 아니라 무대에서의 동선과 손짓, 액팅을 짜주는 사람이 따로 있다. 이제부터는 비욘세의 춤만 따라 하지 말고, 표정과 손짓, 눈빛, 발동작 하나하나 유심히 살펴보자.

더 욕심이 난다면 연기나 춤을 배워보는 것도 좋고, 카메라 앞에서 정지된 포즈를 잡아야 하는 모델 레슨이나 사진 찍는 법을 배워보는 것도 좋다. 특히 댄스 가수가 아닌 발라드 가수를 꿈꾼다면 꼭 액팅 레슨을 받도록 하자. 발라드 가수는 상대적으로 춤에 익숙지 않아 동선에 미숙하기에 다른 사람의 객관적인 평가를 통해 무대 매너를 충분히 점검받아야 한다.

내가 트레이닝한 학생들 중에서 최근 브라운관에서 가장 반갑게 보고 있는 친구가 있다. 바로 그룹 〈피에스타〉의 '린지'다. 그 친구를 열일곱 살 때부터 가르쳐왔으니 벌써 6~7년 동안 봐온 셈이다. 가수가 되기 위해 열심히 노력하는 친구들은 많지만 귀감이 될 만하고 손에 꼽을 친구들은 많지 않다. 그런 면에서 린지는 세 손가락 안에 든다고 자신할 수 있다. 그녀는 자기계발과 자기관리 능력이 무척 탁월하다.

과제를 내주면 밤을 새워서라도 꼭 해오고 방학 중에도 새벽같이 일어나 영어학원부터 연기 레슨, 댄스 레슨, 보컬 레슨, 운동 등 빡빡한 스케줄을 소화해냈다. 놀라운 건 기획사에 소속되기 전부터 그렇게 해왔다는 것이다.

트레이닝 받는 학생들을 보면 그중 가장 열심히 연습하는 부류가 프로 가수고, 덜 열심히 하는 게 기획사에 속한 연습생이다. “이상하다, 그렇게 열심히 노력해서 가수가 됐는데 뭘 또 배워요?”, “연습생이면 말 그대로 연습을 많이 할 텐데 노력을 안 한다고요?”라고 생각하는 사람들이 많을 것이다.

어린 나이에 연습생이 된 친구들에게는 일종의 특권의식이 생긴다. 최고의 경쟁률을 뛰어넘어 오디션에 통과하고 여기저기서 잘한다는 칭찬을 듣고 곧 데뷔할 수 있을 거라는 희망에 들떠 있다. 그런데 막상 연습이라는 게 쉽지가 않다. 연습생들의 생활은 상당히 치열하다. 숙소에서 연습실까지 혼자 뛰어가야 하고, 먹는 것도 조절해야 하며 새벽부터 일어나서 댄스, 연기, 보컬 레슨을 받아야 한다. 심지어 외국어 레슨도 있다. 이런 스케줄을 소화하려면 하루에 서너 시간도 채 못 잔다. 그러다 보니 ‘이렇게까지 열심히 해야 해?’, ‘선배 가수들 보면 나보다 더 잘하는 거 같지도 않은데?’ 하는 마음이 들고 게을러지는 것이다.

그런데 막상 데뷔를 하면 또 달라진다. 이런 과정들을 게으름 피우지 않고, 남들보다 두 배, 세 배 연습한 사람들은 차원이 다르다. 대중들도 그 차이를 금세 알아채고 준비된 가수들에게 열광한다. 이런 치열한 세계를 경험해본 프로 가수들은 그제야

_가수가 되기 위해 늦은 밤까지 연습하는 신예림

자신의 부족한 점을 메우기 위해 초심으로 돌아가 열심히 트레이닝을 받는 것이다.

연습생이나 가수 지망생들이 가수가 되기 위해서 춤, 노래, 연기 등 다양한 트레이닝을 소화하는 것처럼 다른 친구들도 마찬가지다. 수능에서 높은 점수를 받아 대학에 가기 위해서, 의사가 되기 위해, 대기업에 들어가기 위해 그들도 현재 위치에서 엄청난 노력을 기울이고 있다.

그나마 기획사에 속한 연습생들은 회사에서 관리를 해주기 때문에 견디기 쉬울 수도 있다. 문제는 여러 사정상 혼자 준비하고 있는 친구들이다. 사활을 걸고 준비하자. 가수 지망생은 꿈을 중도에 포기하면 남들보다 몇 년은 더 뒤처지는 삶을 살 수밖에 없다.

노래 깨나 한다고, 춤 좀 춘다고, 이미 기획사에서 자신의 가능성을 인정해줬다고 자신이 특별하다는 생각은 버려야 한다고 나는 꼭 강조하고 싶다. 데뷔 후에 자신이 경쟁해야 할 대상들이 얼마나 대단하고 힘겨운 과정들을 견뎌낸 이들인지 꼭 진지하게 생각해보길 바란다. 무섭게 들릴 수도 있지만 가슴속에 단단히 품을수록 원하는 자신의 꿈을 좀 더 빠르게 이룰 수 있다.

Track 4

오디션 합격의 노하우

② 댄스

─내가네트워크의 슈퍼 댄스 트레이닝

Dancetrainer Oh Seongjin

내가 네트워크
소속 가수들의
슈퍼 군무를 만드는
댄스 트레이너
오성진

국내 최고의 댄서 출신인 오성진 댄스 트레이너는 15년차 댄서이자 안무 디렉터다. 그는 유승준, 베이비복스의 댄서로 활동하다 2006년 스타제국에 전문 안무 디렉터로 입사하여 쥬얼리, 서인영 등의 안무를 총괄했다. 이 외에도 성시경 서울 콘서트, 박재범, 김완선 등의 안무를 담당했으며, 현재는 2008년 브아걸 〈마이 스타일〉이라는 곡의 안무를 맡은 게 인연이 되어 내가네트워크 전문 댄스 트레이너로 활동하고 있다.

춤 하면 많은 사람들이 소위 놀기 좋아할 거라는 편견을 많이 갖는데 의외로 성격이 그리 외향적이지 않은 댄서들이 많다. 영화 〈빌리 엘리어트Billy Elliot〉를 기억하는가. 영국 대처 시대에 북부 탄광촌을 배경으로 발레리노가 되고픈 한 소년의 성장기를 담은 이 영화 속 주인공 빌리는 아름다운 멜로디에 취해 자신도 모르게 거리에서 춤을 춘다. 권투보다 춤을 더하고 싶어 했던 탄광촌의 작은 소년 빌리.

나 역시도 마찬가지였다. 1999년도에 춤을 시작해 벌써 10년이라는 시간이 훌쩍 지나버렸다. 당시 고등학생이었던 나는 수업 시간이면 맨 앞줄에 앉는 꽤 모범적이고 내성적인 학생이었다. 나는 늘 인기 많은 친구들을 부러워했는데, 특별히 표현은 하지 못하고 마음 깊은 곳에 담아두었다. 그러던 어느 날 학교 축제에서 댄스 배틀을 보게 되었다. 많은 학생들이 무대 위에서 춤을 추는 친구들에게 열광하는 것이다. 여기저기서 휘파람을 불었고 모두 흥에 겨워 함께 몸을 흔들어댔다. 당시에는 그룹 '클론'과 '듀스'의 인기가 엄청났다. 지금 들어도 신나고 현란한 음악들인 만큼 그들의 무대 카리스마는 압도적이었다. 화려한 그들을 보면서 나도 모르게 춤을 추고 싶다는 생각이 들었다. 춤을 배우고 싶다, 나도 저렇게 무대 위에서 뛰어놀고 싶다, 춤으로 다른 친구들과 친해지고 싶다. 이게 나와 춤의 첫 만남이었다.

그 뒤로 가수 유승준이 소속돼 있던 ING무용단의 오디션을 보았다. 그때는 그 당시 유승준이 댄스 가수로서 큰 인기를 누릴 때였고 나오는 곡마다 춤이 유행이 되어서 '유승준 무용단'이라고 하면 어딜 가든 알아주었다. 이 무용단에 들어갈 수 있었던 건 우선적으로 열심히 하고 겸손하고, 기본적인 시간약속이나 연습시간에 항상 충실했기 때문인 것 같다. 그렇더라도 춤에 대해서 아무것도 모르던 내가 오디션에 한 번에 합격했던 건 운이 참 좋았다는 생각이 든다. 만약 지금처럼 춤추고 싶어 하는 사람들이 많은 시대였다면 치열한 경쟁률과 실력에 밀려 떨어졌을 가능성이 크지 않았을까 싶다. 그런데 그때는 오디션의 합격 기준이 '춤을 얼마나 잘 추느냐'보다는 '얼마나 열심히 추고 싶어 하는가'였다. 타고난 박치, 몸치라 하더라도 꾸준하고 성실하게 연습하면 누구나 춤을 잘 출 수 있기 때문이다. 나 스스로가 박치에 가까웠기 때문에 이 부분은 누구보다 확신할 수 있다.

다만 얼마나 열심히 연습하느냐에 따라 실력이 달라지긴 한다. 춤은 노력하는 만큼 결과가 빨리 나오는 장르가 아니다. 1년 365일 하루 5시간씩 연습해도 크게 실력이 늘어나지 않는 사람도 있다. 나 역시 '춤이 뭔지, 이제야 좀 알겠다' 싶었던 게 춤을 시작한 지 5년이 지난 뒤였다. 스스로의 노력, 무대에서의 경험, 포기하지 않는 마음가짐 등이 몇 년의 세월 동안 차곡차곡 쌓이다가 어느 한순간 갑자기 능수능란해지기도 한다.

결국 활동적인데 참을성 없는 친구들보다는 내향적이지만 꾸준한 친구들이 더 춤을 잘 출 가능성이 많다는 뜻이기도 하다. 특별히 무대공포증이 있거나 사람들 앞에 나서는 것 자체를 꺼리는 게 아니라면 성격은 춤과 별 상관이 없다.

춤은 음악에 맞춰 단순히 몸을 흔드는 게 아니다. 같은 음악을 어떻게 해석하느냐에 따라 어떤 춤이 나올지는 천차만별이다. 조용히 자신의 귀에 들려오는 음악에 귀 기울이고 선율을 분석하고 셈여림과 클라이맥스를 쉽게 찾아낸다면 오히려 춤을 잘 출 가능성이 더 커진다. 예민한 감수성을 가진 친구라면 이런 해석이 더 쉬우리라는 것은 두말 할 필요도 없다.

그러니까 얌전하고 내성적인 성격을 단점으로 생각하지 말고 그 성격을 통해 어떻게 춤을 잘 출 수 있을까를 고민하는 게 더 발전적이다. 학창 시절 똑같은 고민을 했던 선배로서 하는 충고이니 꼭 명심하라!

어떻게 하면 춤을 좀 쉽게 시작할 수 있을까요?

텔레비전에서나 댄서들의 공연을 볼 수 있었던 우리 세대와는 달리 요즘은 유튜브, 인터넷 TV 등을 통해 언제 어디서나 춤을 접할 수 있는 만큼 춤 잘 추는 친구들을 쉽게 볼 수 있다.

그런데 이렇게 주변에서 춤깨나 춘다는 칭찬에 댄서가 되려고 트레이닝을 받으러 온 친구들을 보면 문제점이 보인다. 이들은 당장 눈에 보이는 동작에만 너무 집중한다. 춤은 동작보다는 리듬(바운스bounce)이다. 클럽에 가면 별다른 동작 없이 흘러나오는 음악에 맞춰 자연스럽게 몸을 움직이지 않던가. 이게 바로 춤의 시작이다. 여기서 어떻게 표현하느냐에 따라 어떤 춤이 되느냐가 결정되는 것이다.

춤은 보통 짜여진 안무에 정확한 동작을 표현하는 것이어서 고정관념들이 있지만 사실 손가락만 움직여도 그게 춤이 될 수 있다. 손가락의 움직임이 곡과 잘 어울리고 가수를 돋보여줄 수 있는 동작이면 최고의 안무가 되는 것이다. 또한 작곡가가 어떤 느낌으로 곡을 만들었는지 스토리를 알면 더 좋은 안무가 나온다. 그래서 항상 안무를 만들 때는 작곡가의 의도를 체크해야 한다.

그렇다면 리듬 타는 연습은 따로 있을까. 리듬을 타려면 박자가 필요하다. '쿵!쿵!쿵!쿵' 이렇게 4박자로 떨어지는 음악이 있다면 그 박자에 맞춰서 몸을 움직인다. 무수한 연습으로 박자감이 어느 정도 몸에 익는다면 자신이 좋아하는 춤 스타일을 선택하고 거기에 맞는 영상을 찾아서 따라해본다. 어떤 춤이든 상관없다. 재즈도 좋고, 힙합도 좋고, 방송댄스도 좋다.

주의할 점은 똑같이 따라 하려고 하지 말아야 한다는 것. 모든 사람들이 저마다 목소리가 다른 것처럼 몸도 모두 다르기 때문에 완전히 똑같은 춤을 출 수 없다. 내 몸으로만 만들어낼 수 있는 동작이 있다. 내가 중요시 여기는, 내 느낌에 맞는 춤을 추는 게 중요하다.

춤을 배우게 되면 제일 먼저 가르쳐준 트레이너 선생님의 느낌, 포인트 등을 따라하게 된다. 처음에는 선생님(동영상, 가수, 방송안무 등)을 카피하더라도 연습을 꾸준히 하면 자신만의 느낌을 찾을 수 있다. 춤은 해보는 게 가장 중요하다. 그러면 정답이 나온다.

또 춤을 추면 남들에게 보여주고 싶기 마련이다. 그래서 나는 주말마다 대학로에서 춤을 췄다. 엠프를 갖다놓고 사람들의 시선을 즐겼다. 땀이 많이 날수록 자기만족감이 높아졌다. 날씨에 상관없이 비 오는 날, 눈 오는 날, 햇볕이 뜨거운 날 가리지 않고 대학로에서 춤을 췄다. 날씨에 따라서도 춤의 느낌이 달라지고 나의 느낌도 달랐다. 다른 사람들은 바보 같다고 했지만 나는 오히려 그런 시선들마저도 너무 좋았다. 이것이야말로 내가 지치지 않고 지금까지 춤을 출 수 있었던 원동력이아니었을까.

춤을 잘 춘다는 기준은 뭐예요?

　춤을 평가하는 기준은 사람마다 각기 다르다. 오디션 프로그램에서 댄스 가수들이 지원자들에게 "표현력이 풍부하지 않아요.", "동작이 깔끔하지 않아요." 등등의 심사평을 하는 것을 본 적이 있을 것이다.

　표현력이 풍부하지 않다는 것은 춤이 가지고 있는 전체적인 스토리를 몸으로 다 풀어내지 못했다는 뜻이다. 소설이 기승전결의 구조를 갖고 있는 것처럼 춤도 시작이 있고, 강하게 표현될 때와 약하게 표현될 때가 있다. 그리고 음악이 클라이맥스에 도달했을 때 가장 강력한 무대를 선보여야 하는데 그 구조가 약하고 전체적으로 밋밋하면 표현력이 약해 보일 수 있다. 표정도 마찬가지다. 가사에 맞춰 슬픈 내용에는 애절하게, 사랑을 표현할 때는 화사한 웃음으로 표정을 짓는다면 무표정한 표정으로 춤추는 지원자보다 훨씬 풍부한 느낌을 전달할 수 있다. 한편 손끝에 힘이 없거나 손발을 살짝 뻗거나 움츠리면 전체적으로 동작이 깔끔해 보이지 않는다. 일반인들은 찾아내기 힘든 아주 섬세하고 작은 부분임에도 전문가들의 눈에는 이런 점들이 중요한 기준으로 작용된다.

그중에서도 나는 자신감을 가장 높게 본다. 현재 활동하는 가수 중에서는 보아나 태양이 자신감 있게 춤을 추는 대표적인 예다. 단순히 '기교가 좋다', '몸이 유연하다', '리듬을 잘 탄다'를 뛰어넘어 자기 몸을 갖고 무대 위에서 논다고 해야 할까. 그들이 무대에서 보여주는 카리스마는 '이 노래에 맞춰 나만큼 잘 출 수 있니?', '세상에서 이 음악과 춤은 내가 제일 잘 알아!' 같은 자신감에서 나오는 왕성한 표현력과 카리스마일 것이다.

트레이닝을 받을 때나 오디션에 임할 때 모두 약간씩은 긴장할 수밖에 없다. 심지어 프로 가수들도 트레이닝을 받을 때는 혼자 연습할 때만큼의 실력이 나오지 않는다. 다른 누군가가 '얼마나 잘하는지 한번 보자' 하며 지켜보는 시선에는 누구나 자유롭기 힘들 것이다. 그런데 이 시선을 극복하느냐 못하느냐가 자신감을 결정짓는다. 친구들 앞에서 발표를 할 때, 준비한 내용을 잘 이야기하다가 갑자기 한 사람과 눈이 마주치는 순간 머릿속이 하얘지면서 아무 생각도 떠오르지 않고 이야기 순서가 뒤죽박죽되면서 몇 초 동안 멈칫하는 경험을 해본 적이 있는가.

춤도 마찬가지다. 스스로 잘 추고 있는데도 어느 순간 다른 사람의 시선을 의식하면 '창피하다', '내가 잘하고 있나', '지금 멋지게 보이고 있는 거 맞나?' 등의 생각을 하며 집중력을 놓치게 되고, 순간 멈칫하면서 동작이 다 흐트러져 버린다.

다른 사람들의 시선에서 자유롭다면 저절로 자신감이 생길 수밖에 없다. 나만의 노하우가 있다면, 보여주는 춤이 아닌 즐기는 춤을 춘다는 것이다. 내가 좋아하는 걸 즐겁게 한다면 당연히 자신감 있어 보일 수밖에 없다. 즐길 수 있을 만큼 최대한 무대와 다른 사람의 눈을 즐겨라. 춤이 주는 자유와 매력을 내가 먼저 만끽하는 게 가장 중요하다.

춤을 잘 추려면 몸매가 좋아야 하나요?

　중학교에 다니는 연습생 A가 사과다이어트를 시작했다. 일주일 동안 아침, 점심, 저녁으로 사과만 먹는 원푸드 다이어트다. 이틀 정도는 잘 버티는가 싶더니, 3일째부터는 집중력이 확 떨어지기 시작했다. 두 시간 동안 이어지는 레슨 시간에 새로 가르쳐준 안무를 전혀 소화를 못하고, 지난주에만 해도 잘 해내던 동작들도 자연스럽지 못했다. 강약 조절이나 표현력도 잘 될 리가 없었다. 먹는 게 없으니 체력도 떨어지고 그만큼 연습량도 줄어들고 무엇보다 춤에 대한 의욕도 없어지니 이건 안 하는 게 훨씬 나은 다이어트였다. 결국 A는 다이어트를 포기하고 며칠 동안 뒤떨어진 진도를 따라잡기 위해서 한동안 더 열심히 연습에 매진해야 했다.

우리가 영상에서 접하는 댄서와 가수들은 모두 날씬하고 화려한 외모를 지녔으니까 당연히 '춤을 잘 추려면 몸매도 마르고 팔다리도 길고 키도 커야 하나 보다' 하고 생각할 수 있다. 그런데 이건 '보는' 사람의 기준이지, 춤을 '추는' 사람의 기준이 아니다. 백지영, 박진영, 쿨, 김현정 등 최고의 스타들을 배출한 홍영주 안무가도 그렇다. 그녀는 별로 날씬한 편이 아니다. 오히려 약간 통통한 편에 가까울 것이다. 그런데 그녀의 춤은 정말 매혹적이고 유연하고 파워풀하다. 어느 날씬한 몸매의 댄서보다 더 아름다운 춤을 보여준다.

춤 실력은 연습량에 따라 확연히 달라지기 때문에 오랜 시간 연습해도 지치지 않을 기초체력을 갖는 게 무엇보다 중요하다. 또 몸의 체지방을 줄이고 근육량을 늘려야 몸이 쉽게 피로감을 느끼지 않는다. 프로 댄서들이 날씬한 건 오랜 연습에 따른 효과라고도 할 수 있겠다.

하지만 몸이 가벼워야 춤을 잘 추는 건 아니다. 몸에 상관없이 본인의 몸을 잘 컨트롤하고 춤을 좋아한다면 상관없다. 다만 춤추기 30분 전에는 반드시 스트레칭을 해야 한다. 춤추기 전에 근육을 이완시키고 춤을 추면 몸이 저절로 가벼워지기 때문이다. 만약 스트레칭을 하지 않으면 근육이 뭉쳐서 경련이나 골절 등 몸을 다칠 수 있다.

그리고 남자는 몸이 탄탄해 보일 정도의 웨이트트레이닝을 하는 것도 좋다. 몸이 예뻐야 어떤 춤이든 맵시가 나기 때문이다. 그리고 무대의상도 잘 소화해야 춤도 돋보이기 때문에 어느 정도 탄탄한 몸을 만들어두는 건 필요하다.

과도한 다이어트로 몸과 정신을 다치게 하지 말고, 춤 연습에 좀 더 집중하는 게 어떨까. 내가 가장 좋아하는 춤을 열심히 추면서 땀을 흘리고 근육을 늘리는 것. 어쩌면 그게 세상에서 가장 쉬운 다이어트가 아닐까.

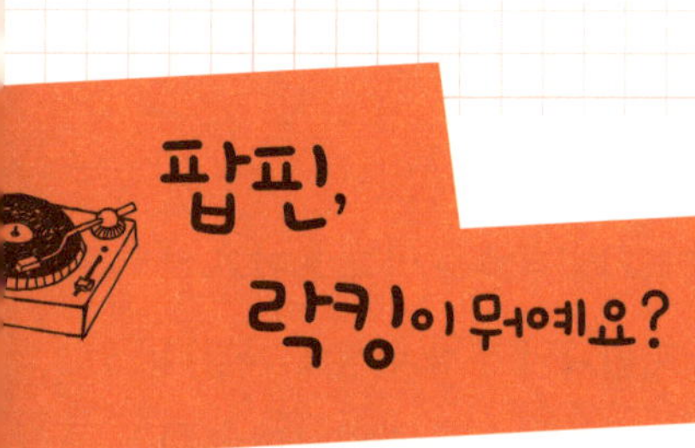

춤에는 여러 장르가 있다. 힙합, 펑크, 소울……. 시대에 따라 계속 변한다. 복고가 유행할 때는 디스코가 트렌드가 되고, 재즈 음악이 하나 히트하면 소울이나 힙합, 요새는 어반Urban 스타일의 음악이 대세다.

그중에서도 오디션 지원자들이 제일 많이 도전하는 건, 브레이크댄스, 즉 비보잉으로 대표되는 힙합 장르다. 디스코에서 시작되긴 했지만 부르는 말들이 좀 복잡하다. 댄스로 치자면 크게 웨이브Wave, 팝Pop 계통의 스탠딩Standing류와 윈드밀Windmill, 토마스Thomas 등의 그라운드Ground류로 나뉘고, 국내와 일본에서는 스탠딩류를 힙합 댄스, 그라운드류를 브레이크댄스로 구분하여 부르는데, 이런 용어들을 꼭 외울 필요는 없으니 참고만 하자.

　　다만 힙합은 단순히 춤의 종류라기보다는 미국 흑인과 히스패닉 간의 패권 다툼에서 시작된 하나의 문화 현상에 가깝다는 걸 알아두자. 서로 상대 구역으로 몰려가 상대의 기를 죽이기 위해 온갖 동작으로 묘기에 가까운 춤을 추며 시위를 벌였는데, '댄스 배틀'이라는 말도 여기서 나왔다. 댄스로만 세분화하여 말하자면 그냥 '힙합 댄스'나 '스트리트 댄스Street Dance'나 같은 말이라고 생각하면 된다. 비보잉, 팝핀, 락킹, 왁킹, 걸스힙합 등이 모두 힙합 댄스의 한 종류다. 스트리트 댄스, 즉 길거리 춤인 만큼 딱딱한 격식이나 틀에 맞추려고 하기보다는 프리스타일로 얼마나 자유롭게 표현하고 소화하느냐를 더 중요시 여긴다.

팝핀Poppin

　　힙합, 브레이크댄스 등과 같은 스트리트 댄스 가운데 하나로, '터지다', '튕기다', '튀다'라는 의미처럼 근육의 수축, 이완을 이용하여 근육을 퉁기고 관절을 꺾는 느낌을 주는 게 특징이다. 팝핀을 잘 추고 싶다면 유튜브에서 자기만의 독특한 스타일로 다양한 안무를 소화하는 '팝핀현준'의 동영상을 찾아서 많이 따라 해보는 게 좋겠다.

락킹Locking

힙합의 한 장르로 팝핀과 함께 1970년대 후반 미국 펑크 Funk 문화에 영향을 받았다. 팝핀은 팝이라는 테크닉에 기반하여 정적인 동시에 날카로운 움직임을 나타낸다면 락킹은 파티 댄스로부터 유래하여 형태적으로 매우 재기발랄하며 동적이다. 몸의 동작이 통제 밖에 있다가 튕겨서 통제 가능한 상태로 다시 돌아오고, 무너졌다가 다시 돌아오는 느낌으로, 주로 휘감아 올리는 동작이 주류를 이룬다.

왁킹Waacking

락킹에 여성이나 게이들의 보깅voguing(패션모델 같은 걸음걸이나 몸짓을 흉내 낸 디스코 댄스)이 접목된 댄스 스타일로, 비욘세의 유명 남자 안무가 존테Jonete의 춤이 대표적이다. 가슴을 앞으로 쭉 내밀어 허리를 휘게 하는 동작이 주를 이루고 가슴과 골반이 파워풀하게 움직이기 때문에 여자들이 출 때 매우 매력적이다.

스트리트 댄스에는 이 외에도 소울, 하우스, 재즈, 웨이브 등이 포함된다. 가수들이 대중가요를 부르며 추는 춤들은 대개 안무가가 이런 여러 댄스 스타일 중에서 어떤 특정한 댄스곡에 맞춰서만 출 수 있도록 만든 춤으로, 요즘은 '방송 댄스' 혹은 '대중가요 댄스'라는 명칭을 만들어 아예 새로운 춤의 장르로 이야기하기도 한다.

여기서는 방송용 댄스에 대해서 주로 소개했지만 전통무용·발레·모던 댄스 등의 순수무용, 우리에게는 TV 프로그램 〈무한도전〉의 '쉘위댄스'를 통해 익숙해진 '댄스스포츠', '밸리댄스' 등 춤의 종류는 무한하다.

춤에 대한 이론적인 종류를 일일이 알 필요는 없지만 심장이 쿵쿵 뛸 정도로 멋진 춤을 보았다면 그 춤이 어떤 춤이며 어떻게 따라해 볼 수 있을까, 어떻게 하면 더 색깔을 잘 나타낼 수 있을까, 하는 의미로 춤이 가진 역사와 장르를 공부하는 건 좋다. 자신의 표현력을 풍부하게 하는 데 도움을 줄 수 있기 때문이다.

자신의 수준을 먼저 파악하는 게 우선이다. 보컬을 예로 들어보자. 발라드를 잘 부르는데 고음 처리가 안 된다면 발라드 중에서도 저음 중심의 노래를 선곡해야 한다. 춤 역시 마찬가지다. 자신이 못하는 부분에 대해서 굳이 욕심을 갖고 스트레스를 받을 필요는 없다. 가능성을 평가하는 오디션에서는 리듬감과 박자감, 자신감을 중요하게 심사하기에 완벽한 안무보다는 박자감과 리듬감, 자신감을 최대한 보여주는 게 현명하다.

웨이브가 좋아서 웨이브만 하던 친구가 있다. 팝핀이 유행한다고 해서 열심히 따라해 봤는데 6개월, 1년이 되어도 습득을 하지 못했다. 재미도 없고 너무 어려워 진도가 나가지 않았다. 그렇다면 팝핀을 과감히 포기할 줄 알아야 한다. 물론 그 시간 동안 연습한 팝핀이 모두 사라져버리는 건 아니다. 그 기술들은 몸에 남아 팝핀이 가미된 그만의 웨이브 스타일이 나온다.

"그럼 팝으로 안무를 짤까요?", "걸그룹의 안무를 그대로 따라서 연습해볼까요?"라고 묻는 친구들이 있는데 장르는 상관이 없다. 자기 스타일이 있으면 된다. 앞서 말했듯이 춤에는 여러 종류가 있고 시대에 따라 유행도 달라진다. 그 트렌드들을 한 번씩 접해보자. 그리고 내가 뭘 잘하는지, 어떤 춤의 전문가가 될 수 있는지를 빨리 파악하도록 하자.

오디션을 심사하다 보면 비보잉 등 고난도의 기술을 연마하여 보여주는 친구들도 있는데 사실 이런 친구들에게 상대적으로 더 높은 점수를 주게 된다. 하지만 이는 높은 기술의 댄스를 선보여서가 아니다. 남들은 따라 할 수 없는 자신만의 테크닉을 갖고 있기 때문이다.

혼자 연습하는 데는 아무래도 한계가 있다. 어디가 잘못됐고 부족한 부분은 뭔지 동영상을 봐도 제대로 파악하기가 쉽지 않다. 우선은 댄스 아카데미를 한번 접해보라고 말하고 싶다. 실용음악학원에서 댄스를 가르치는 경우도 있고 댄스학원, 댄스아카데미 등 다양한 이름으로 찾을 수 있을 것이다.

트레이너의 프로필이나 학원의 규모와 역사 등도 중요하지만 크게 가리지 말고 원하는 학원에 가서 배우면 된다. 댄스는 웬만한 아카데미마다 기초 과정이 비슷비슷하고 나의 목표가 무엇이냐, 내가 좋아하는 장르가 무엇이냐에 따라서 레슨을 선택할 수 있기 때문이다.

댄스 아카데미에 다니는 친구들의 목표는 다양하다. 오디션을 목표로 하는 학생도 있고, 아카데미와 연계된 공연단에 들어가려는 학생도 있고, 트레이너를 꿈꾸는 학생, 실용음악과에 지원하려는 학생, 발라드 가수를 꿈꾸는데 댄스 실력을 보완하기 위해 배우는 학생도 있다. 물론 일반 성인을 위한 취미반, 몸치 박치에서 벗어나기 위한 클리닉반도 있다.

아카데미에서 각각의 목표에 따라 커리큘럼을 짜서 1대 1 혹은 소그룹으로 레슨을 진행하기 때문에 단기간 내에 실력을 향상시키거나 잘못된 자세를 고치는 데 효과적일 것이다. 물론 레슨 후의 개인 연습은 필수다.

춤 실력을 높이기 위한 팁을 한 가지 더 알려주자면, 외국 댄서들이 직접 한국에 와서 여는 해외 워크숍에 참석해보라. 외국에서 실력을 인정받은 댄서들이 직접 가르치는 워크숍을 접하는 기회는 흔치 않다. 우물 안 개구리 식의 사고방식에서 벗어나 춤에 대한 새로운 시선을 가질 수도 있고 외국의 댄스 트렌드도 직접 몸으로 체험할 수 있다.

이런 워크숍은 보통 댄스 아카데미들이 수시로 주최한다. 몇 개의 유명 아카데미들을 즐겨찾기 해놨다가 워크숍 공지가 떴을 때 신청해서 참석하도록 하자.

집안 형편상 전문 아카데미를 다닐 수 없는 학생들도 있
다. 그런 경우 유튜브에서 '힙합 기초' 등을 검색하면 필요한 영
상을 찾아서 볼 수 있을 것이다. 단순히 즐기거나 어느 정도 기
본기가 잡혀 있는 상태가 아니라면 꼭 '기본동작', '기초동작' 등
기본이 되는 것부터 찾아서 볼 것. 춤에는 루틴Routine이 있다.
중간부터 시작한다거나 현란한 동작만 찾아서 배운다면 전체
적으로 춤의 완성도가 떨어질 수밖에 없다. 답답하고 너무 동작
이 쉬워 보인다고 하더라도 꼭 첫 단계부터 하나하나 스텝을 밟
아나가도록 하자.

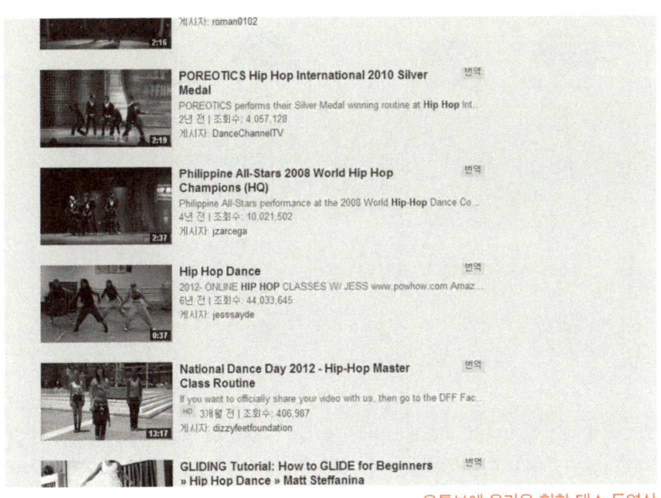

_유튜브에 올라온 힙합 댄스 동영상

기초바운스

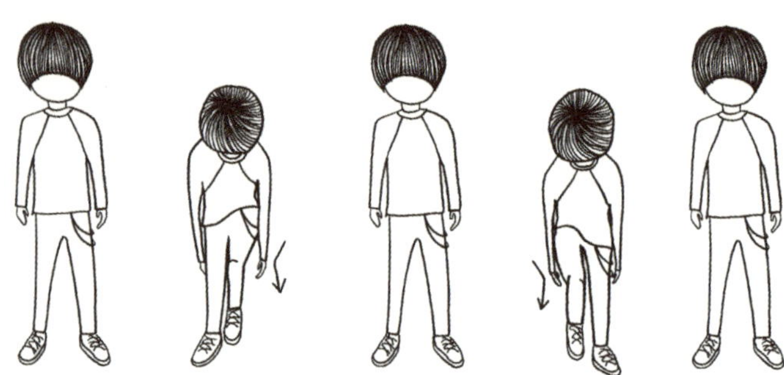

기초바운스 옆모습

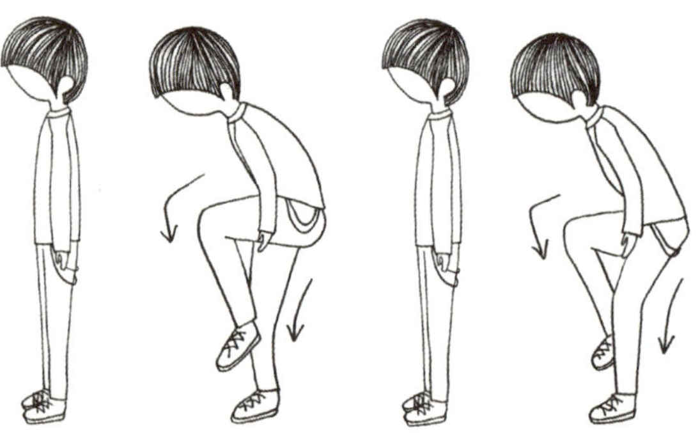

박자에 맞춰 발을 바꾸며 허리를 펴는 동작이다. 처음부터 무리하게 빠른 속도의 음악보다는 슬로우 템포의 음악을 선택하여 차근차근 박자와 리듬을 몸에 흡수시키는 것이 중요하다.

암웨이브

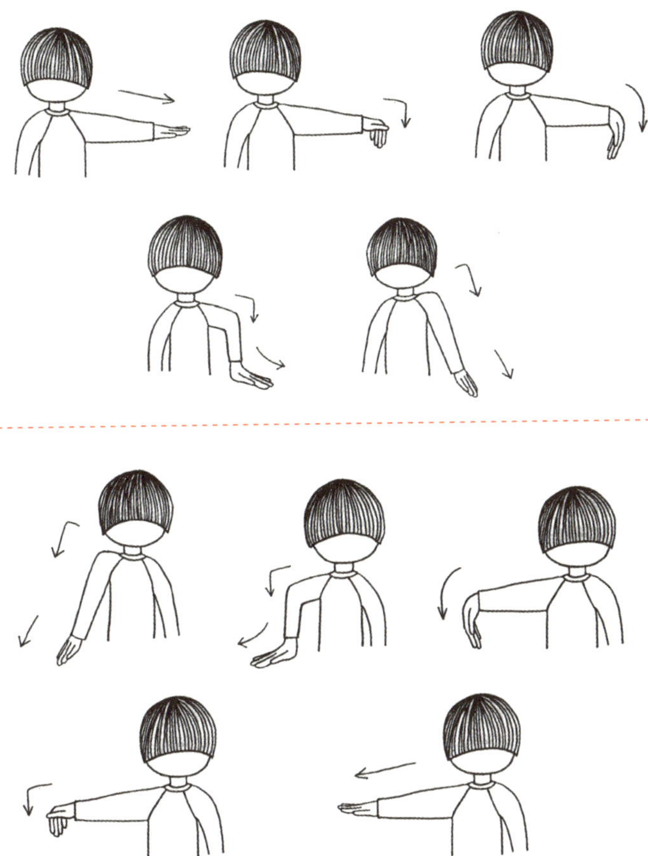

암웨이브는 구분동작을 천천히 연결해 나가는 것이 중요하다. 특히 다른 동작보다 자연스럽게 완성하는 데 시간이 오래 걸리기 때문에 많은 연습을 필요로 한다.

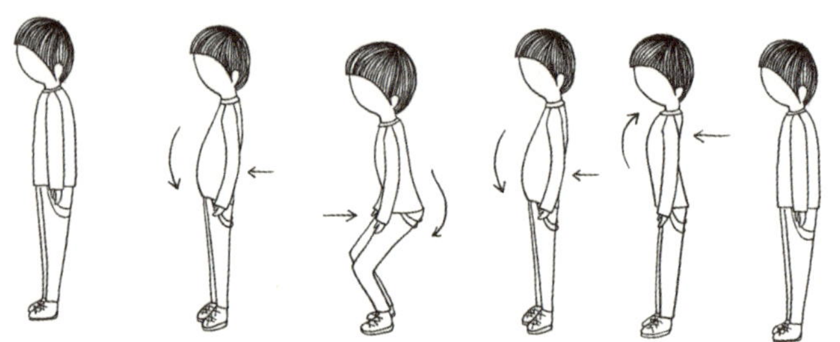

바디웨이브는 처음부터 빠르게 동작을 이어서 할 필요가 없다. 구분동작을 천천히 연결하면 처음에는 딱딱해 보이고 어색할 수 있다.하지만 계속 연습하면 동작을 자연스럽게 구사할 수 있다.

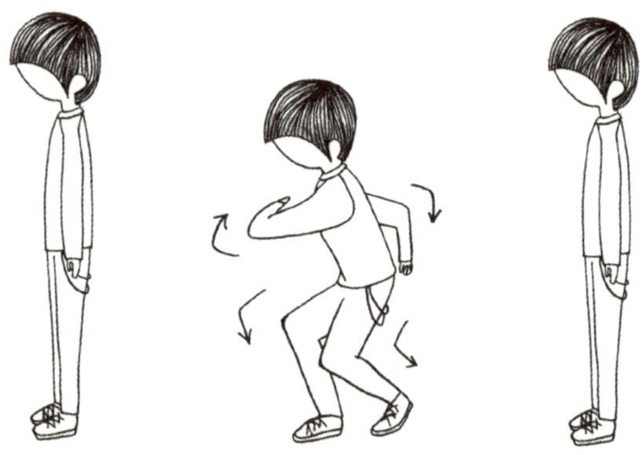

같은 방향으로 손발이 움직이지 않도록 주의해야 한다. 예를 들어 오른발을 내밀면 왼쪽 팔을 든다. 춤의 기본은 밸런스이기 때문에 서로 다른 방향의 손발을 사용하여 중심을 잡는 것이 중요하다.

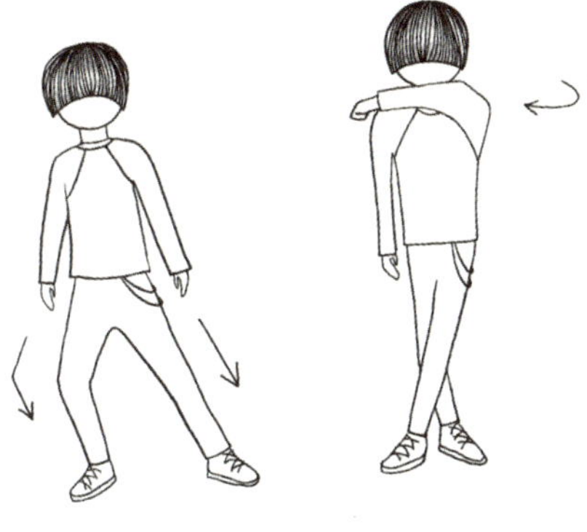

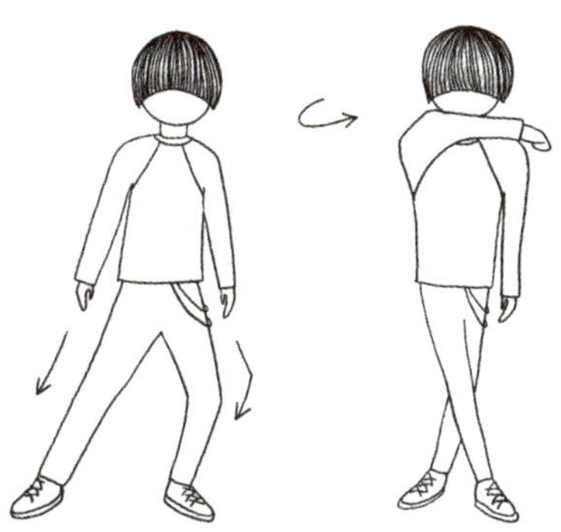

이 동작도 몸을 중심을 잃지 않도록 균형을 잘 잡는 것이 중요하다. 이 동작을 연습하다 보면 균형감이 생겨 다른 동작들을 익힐 때 몸의 균형이 흔들리는 것을 방지할 수 있다.

자세가 잘못됐다고 지적을 자주 받아요

C는 춤 실력을 인정받아 공개 오디션을 통해 연습생으로 발탁되었다. 리듬감을 타고나서 어떤 음악을 틀어주든 금세 박자를 타고 자유자재로 안무를 만들어내기 때문에 앞으로 무한한 발전 가능성이 있다고 생각한다.

그런데 나는 C를 가르칠 때마다 계속 아쉬움을 느낀다. C는 연습생이 되기 전에 마냥 춤이 좋아서 혼자 영상을 보며 연습을 많이 했다. 그러다 보니 자신의 동작을 확인 못해서 잘못된 습관을 갖고 계속 춤을 춘 것이다. 개인마다 본인은 잘 의식하지 못하는 습관들이 있다. 혓바닥을 내민다거나 꾸부정하게 춤을 춘다거나 손을 뻗었는데 일자로 쭉 못 뻗고 굽어서 뻗는 식이다. C는 정확하지 않은 동작이 문제였다. 그렇다 보니 동작 선이 깔끔하지가 못했다.

　이런 사람은 자기 자신을 거울에 비추어 보면서 자세와 동작을 확인하며 연습할 필요가 있다. 보통 거울을 보고 연습하면 자기를 안 보고 다른 사람을 보며 연습하는 경우가 대부분이다. 자신의 못하는 점을 보는 것이 두렵기 때문이다. 하지만 이것을 뛰어넘고 본인을 거울로 보면서 춤과 자세를 연습하는 것이 가장 좋은 방법이다.

　다음은 학생들이 주로 잘못 취하는 댄스 기본자세들이다. 내 춤에서 다음과 같은 자세가 나오지 않는지 확인해보자.

자세교정 1

자세교정 2

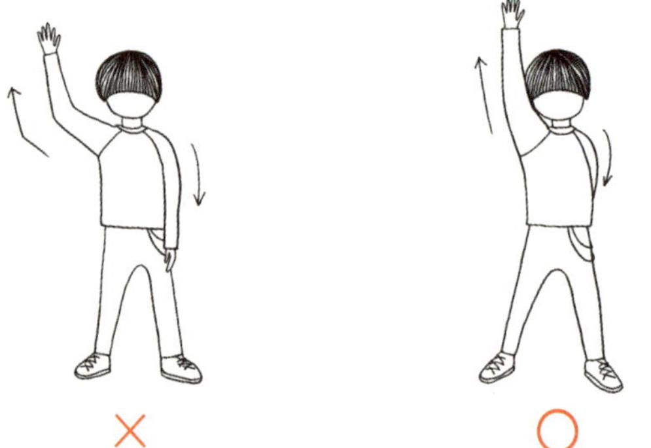

춤을 출 때는 팔을 구부리지 않고 쭉 편다. 어깨가 굽어 있거나 등을 바로 세우지 않으면 자신감도 없어 보이고 보기에도 안 좋다.

자세교정 3

자세교정 4

고개를 세워 정면을 바라보면서 추는 것이 가장 좋은 자세다.

자세교정 5

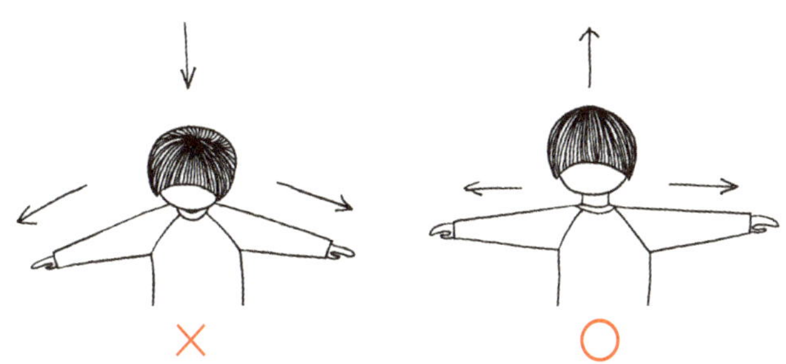

춤을 출 때는 적당하게 팔을 벌리고 등을 바로 세우며 고개를 바로 든다.

스스로 안무를 만들고 싶은데 어떻게 해야 하나요?

〈슈퍼스타K〉의 이보람은 자신감 있는 태도와 스스로 안무를 짠 무대로 시청자와 심사위원들을 열광의 도가니로 만들었다. 전문가가 짠 안무를 따라 완성도 있고 깔끔한 무대를 선보이는 것도 좋지만 정말 최고의 댄서가 되고 싶다면 자기 스스로 안무를 짜겠다는 목표를 갖아야 한다.

안무를 잘 짜려면 우선 그 노래를 많이 듣고 제대로 파악해야 한다. 리듬이 머릿속에 완전히 각인될 때까지 반복해서 들으면 비로소 그 음악에 대한 감을 잡고 영감이 떠오른다.

앞서 말했듯이 한 곡의 노래에는 스토리가 있다. 전주로 흔히 알려진 인트로, 그 다음 1절, 보컬 없이 반주가 이어지는 간주, 1절에서 가사가 약간 변형되는 2절, 사비, 브릿지, 엔딩으로 보면 된다. 사비는 반복되는 후렴구를 말하는 것이고, 브릿지는 2절 사비와 3절 사비 사이를 이어주는 부분이다.

노래를 분석한 뒤에 어디에 임팩트를 줄 것인지, 어디를 엇박으로 처리할 것인지를 결정하는 것이다.

사소한 아이디어가 멋진 안무로 재탄생하기도 한다. 한때 많은 인기를 끌었던 주얼리의 〈베이비 원 모어 타임〉 안무 중에 나오는 일명 ET춤의 안무를 짤 때도 그랬다. 함께 안무팀으로 활동하던 멤버들과 연습실에서 장난치다 손끝을 마주치는 동작이 나왔는데 그게 발전해서 ET춤이 된 것이다. 하지만 이런 동작 하나하나가 아이디어에서 끝난다면 새로운 안무는 탄생할 수 없다. 이런 동작에 모양을 만들고 자세를 다듬으며 대중들에게 전달하는 것이다.

안무는 엄청난 노력의 산물이다. 특히 독특하고 중독성 강한 안무들이 영상을 통해 퍼지며, 노래가 유행하는 데 더 큰 영향력을 미치는 요즘 시대에는 더더욱 좋은 안무가 필요하다. 오래 전 유행하던 안무, 외국에서 유행하는 안무, 국내에서 새롭게 유행하는 안무 등 24시간 공부하지 않으면 남들이 이미 만든 안무, 시대에 뒤떨어지는 안무, 생명력 없는 안무가 만들어질 뿐이다.

실력이 늘지 않아

고민이에요

춤을 배울 때 가장 중요한 건 '습득력'이다. 똑같은 걸 가르쳐도 어떤 학생은 한 시간 만에 따라하고 어떤 학생은 일주일이 지나도 마스터하지 못한다. 기본적으로 습득력만 갖췄다면 그 뒤는 연습량이다. 보컬이나 랩도 그렇겠지만 댄스는 그중에서도 특히 많은 연습량을 필요로 한다.

먼저 규칙적으로 연습을 하는 게 중요하다. 오늘 네 시간을 연습한다면 내일도 네 시간, 그 다음날도 네 시간……. 이렇게 꾸준히 해야 한다. 그런데 앞서 말했듯이 춤이라는 게 한 번에 실력이 확 느는 게 아니기 때문에 금세 지겨워지고 포기하고 싶은 마음이 든다. 다른 동작은 다 되는데, 딱 한 동작만 안 된다.

그런데 같은 음악을 계속 들으면서 그 동작을 몇 주째 반복하다 보면 누구라도 지치기 마련이다. 그러다 보니 많은 학생들이 이 정도 단계게 되면 "다른 노래로 연습하면 안 돼요?", "다른 춤을 추다 보면 이 동작도 되지 않을까요?", "이것 빼고 다 되니까 마스터한 거 아닌가요?"라고 말한다.

실제 무대에 서는 발라드 가수들도 댄스 트레이닝에 많이 지친다. "백업댄서들이 뒤에서 커버를 해주니까 이 정도면 되지 않을까요?"라고 한다. 오히려 그 반대다.

맨앞 중앙에서 분위기를 잡아주는 가수가 제일 잘해야 댄서들도 무대를 잘 살려줄 수 있다. 드라마, 영화로 치면 주연과 조연이다. 주연이 잘 이끌어가줘야 조연도 빛나는 것이고, 조연이 잘 받쳐줘야 주연도 빛나는 것이다.

그래서 나는 '열심히 했는데 실력이 늘지 않는다'라는 말을 믿지 않는다. 걸그룹 A의 멤버로 많은 사랑을 받고 있는 K의 경우, 트레이닝을 하면서 그녀의 열정에 상당히 놀랐다. 그녀는 100번의 연습 중 단 한 번도 "이 동작은 할 줄 아니까 넘어가도 돼."라고 하지 않는다. 처음부터 끝까지 모든 스텝과 동작 하나하나를 그대로 춘다.

이게 바로 제대로 된 연습이며, 정말 열심히 하는 거다. 모든 동작이 완벽해야 하며 모든 안무에서 100퍼센트 표현하고 싶은 느낌이 나와야 한다. 그렇게 세팅된 상태에서 하루 몇 시간씩 반복하고 또 반복해야 겨우 무대 위에서 실수 없이 대중에게 열정 가득한 무대를 선사할 수 있다.

그러니까 호흡을 길게 갖고 내 연습 스타일을 다시 한 번 체크하도록 하자. 어느 정도 출 수 있다고 뒤로 미뤄둔 건 아닌지, 기분 내킬 때만 연습을 하진 않았는지, 한 곡에 싫증나서 여러 곡들을 욕심내고 있진 않았는지. 어쩌면 아직 자기와의 싸움은 시작되지 않았는지도 모른다.

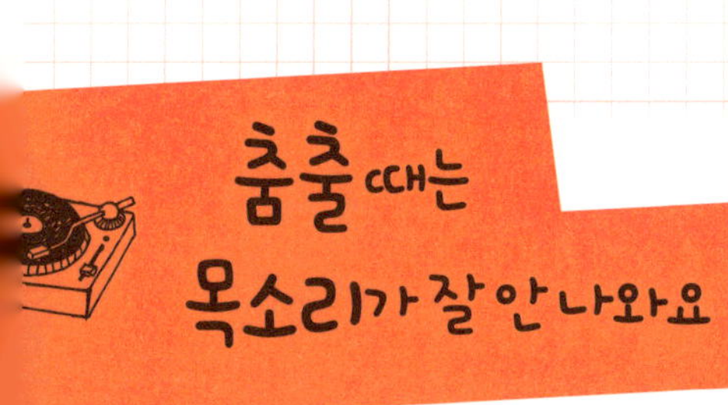

한때 라이브, 립싱크 논란이 가요계를 뜨겁게 달군 적이 있었다. 음악 방송 프로그램에서 가수들이 미리 녹음된 MR에 맞춰 입만 뻥긋거린다, 실제 가창력은 형편없다, 이런 논란이었다. 가수를 실력보다는 외모로 뽑고, 제대로 트레이닝도 안 시키고 데뷔시키는 기존 기획사의 관행에 팬들은 배신감을 느꼈고, 그 뒤로 음악 방송 프로그램에 라이브인지 립싱크인지 표시까지 해야 했다.

결과적으로 이 사건 이후 기획사들은 더 가창력 중심으로 가수를 육성하기 시작했고 지금 활동하는 아이돌 그룹도 대다수 쟁쟁한 실력들을 갖추고 있다. K팝이 전 세계적으로 사랑받고 있는 것도 아이돌 가수들의 노래 실력이 없으면 불가능한 일이었을 것이다.

그런데 문제는 댄스와 춤을 한꺼번에 소화한다는 게 쉽지 않은 일이라는 것이다. 아무래도 폐활량의 한계가 있을 수밖에 없다. 얼마 전 인기 여가수 A는 새 앨범 컴백 무대에서 립싱크를 했다는 이유로 한창 구설수에 올랐다. '어떻게 A가 립싱크를 하느냐', '립싱크 하는 가수는 가수도 아니야!' 하는 의견도 일리가 있지만 'A가 노래 잘하는 건 이미 다 알고 있지 않냐', '그렇게 화려한 퍼포먼스에 노래까지 소화하는 건 무리다'라는 사람들의 말도 맞다.

댄스를 완벽하게 소화하면서 음정이나 박자를 놓치지 않고 노래를 부르는 건 상당히 힘든 일이다. 따라서 댄스 가수가 되려면 더 피나는 연습을 해야 하며 연습 방법에도 노하우를 갖고 있어야 한다.

먼저 춤을 추면서 숨을 쉬고 있는지 아닌지 체크해보자. 보통 노래를 안 부르고 춤만 추는 경우 한 노래가 이어지는 3~5분 동안 숨을 참고 춘다. 한 곡만 출 때는 가능할 수도 있지만 이렇게 습관을 들이는 건 무척 위험하다. 한 곡이 끝나고 나면 숨을 몰아쉬게 되고, 여기에 노래까지 부르려면 호흡이 불안정해지고 음정이 흔들릴 수밖에 없다.

노래와 춤을 동시에 연습하려고 하지 말고 춤을 따로 연습하되 노래에서 호흡하는 타이밍에 숨을 들이쉬고 내쉬는 습관을 들이자. 몸에 이 습관이 완벽하게 밴 뒤에 노래를 부르면 춤과 노래를 소화하기 훨씬 쉬워진다.

최고의 여성 가수 B의 경우 줄넘기를 하면서 발성을 하는 트레이닝을 하고 있다. 줄넘기를 넘으면서도 음정, 박자 흔들리지 않고 노래를 하는 것을 목표로 해보자. 처음에는 발라드 노래로 시작해 점점 댄스 노래를 부른다거나 한 곡을 마스터한 뒤 두 곡, 세 곡에 도전하는 식으로 한다면 폐활량을 키우는 데 큰 도움이 될 것이다.

춤을 배우면 어떤 진로로 나갈 수 있을까요?

요즘에는 워낙 아이돌 그룹의 인기가 높아지고 오디션 프로그램 등을 통해 인식이 많이 바뀌긴 했지만 우리 때만 해도 춤추고 싶다고 하면 "딴따라가 되려고 하니?", "도대체 뭐가 되려고 그러니?" 하며 부모님의 반대가 대단했다. 지금도 댄스 가수나 연예인이 아닌 '전문 춤꾼'이 된다고 하면 여전히 반대할 부모님이 있을 거라고 생각한다.

나 역시도 마찬가지였다. 모범생이었던 아들이 갑자기 춤을 추겠다고 하니 부모님께서 쉽게 받아들이지 못하셨다. 잠깐 흥미를 갖게 된 것이겠거니, 곧 자기 길을 가겠거니, 하며 부모님이 기다린 시간만 7~8년이었다.

부모님은 내가 대학에 가서 공부를 하고 직장에 다니기를 원하셨다. 하지만 내게 대학의 존재는 크지 않았다. 대학에 가서 공부하는 것보다 차라리 그 시간과 돈을 춤에 투자하고 싶었다. 그래서 재수를 할 때 학원에서는 잠을 자고 밤에는 춤을 췄다. 어느 날 부모님이 가방 검사를 하셨는데 책은 없고, 스무 개가 넘는 카세트테이프, 트레이닝복, 수건이 나왔다. 부모님이 이것을 보고 난리가 나셨다. 하지만 나는 내가 가고 싶은 길을 가겠다고 말씀드렸다. 긴 시간 동안 부모님을 설득하기란 쉽지 않았다. 서서히 이름이 알려지고 내가 짠 안무들이 히트하고 신문에 인터뷰 기사가 나가면서 그제야 부모님이 전문 댄서로서의 나를 받아들이신 것 같다.

솔직히 말하자면 댄서의 환경은 그리 좋은 편이 아니다. 부자가 되고 싶거나 큰 명예와 권력을 갖고 싶다면 아예 도전도 하지 말아야 한다. 그저 춤이 재미있고 '한번 해볼까' 싶은 정도라면 취미로만 해라.

전문 댄서가 되려면 정말 춤으로 끝장 볼 각오가 되어 있어야 한다. 아무리 타고난 재능이 있더라도 기본기를 익히는 데만 1년 이상의 시간이 필요하고, 실력을 어느 정도 갖췄더라도 인정을 받기 위해서는 많은 무대 경험과 연륜이 필요하다. 때로는 댄서라고 무시하는 시선과 싸워야 할 때도 있고 유명한 댄서가 아니라면 무대에 서도 큰돈을 받지 못한다. 거기에 춤 잘 추는 사람들이 늘어나면서 경쟁도 치열해졌다. 무대에 선다 해도 허탈감을 느낄 수 있다. 무대 위에서는 누구보다 행복하지만 주인공은 결국 가수들이기 때문이다.

이런 어려움을 모두 이겨낼 정도로 춤을 추고 싶다면 그때야 춤을 시작하는 게 맞다. 그렇다고 절망할 필요는 없다. 무대 위에서 자신의 모든 열정을 몸으로 표현한 뒤의 그 희열은 뭐라 말로 표현할 수가 없다. 나를 바라보는 다른 사람들의 시선에 중독되고, 땀과 눈물이 범벅되는 생생한 무대에도 중독된다. 내가 만든 안무가 포털사이트 실시간 검색 순위에 오르고 춤을 따라 추는 대중들의 영상을 볼 때의 감동도 내가 춤을 사랑하는 이유다.

정말 춤을 사랑한다면 할 수 있는 일은 많다. 기획사 오디션이나 오디션 프로그램을 통해 댄스 가수로 데뷔할 수도 있고, 뮤지컬 배우가 될 수도 있다. 방송국 무용단 단원으로 입단하는 경우도 있고 방송이나 CF 안무가, 연출가로도 진출이 가능하다. 학문적으로 춤을 연구한다면 실용무용학과 교수가 될 수도 있다. 다만 순수하게 춤을 즐겨야 한다는 것. 그리고 인

내할 줄 알아야 하며, 꾸준하고 규칙적으로 연습할 각
오가 되어 있어야만 한다. 이 부분이 갖춰진다면 당신
은 훌륭한 댄서가 될 수 있을 것이다.

성공하는 가수들은 공통점이 있다

내가네트워크
이사 겸 작곡가 윤일상

올해로 내가 음악계에 입문한 지 21년이 되었다. 그동안 나는 대한민국의 거의 모든 인기 가수들과 작업을 했다. 나만큼 그들이 가수가 되기 위해서 얼마나 많은 노력을 했는지, 그리고 얼마나 열정 가득한 삶을 살고 있으며 또 얼마나 힘겨운 슬럼프를 이겨내고 지금의 자리를 지키고 있는지 아는 사람도 흔치 않을 것이다.

정상의 자리를 지키는 가수들에게는 몇 가지 공통점이 있다.

첫 번째, 정말 프로페셔널하다는 것이다. 작업에 집중해야 할 때와 참아야 할 때를 안다. 평소에는 술 좋아하고 사람들과 어울리며 지내다가도 음반 작업이 시작되면 모든 것들을 끊고 작업에만 충실하다. 그럴 때는 극도로 예민해져서 원하는 대로 나오지 않는 목소리, 어색한 감정 표현 하나조차도 허용하지 않는다. 마케팅이나 프로듀싱 부분에서도 쓸데없는 고집을 부리지 않는다. "나는 가수니까 내 전문영역인 노래에만 충실할게. 프로듀싱은 형이 전문가니까 형의 의견을 따를 거야." 하며 내 의견을 따라준다. 이런 프로들과 일하면 작업도 즐거워지고 서로 윈윈 하는 효과를 얻을 수 있다.

두 번째, 자기계발 노력이 뛰어나다. 가수 이은미는 호흡 조절을 위해 유산소 운동을 쉬어본 적이 없다. 김건모는 계속 공부에 파고드는 스타일이다. 재즈피아노, 블루스, 클래식, 힙합 장르를 가리지 않는다. 그것도 얕고 넓게 공부하는 게 아니다. 블루스를 공부하겠다 하면 '레이 찰스Ray Charles'에 대해 모르는 게 없을 만큼 깊게 파는 식이다. 대단한 건 음반을 내기 위해서, 녹음을 준비하기 위해서라서 아니라는 것. 평소에 하는 공부다. 그러니까 아티스트의 소양을 지속적으로 갖출 수밖에 없다.

셋째, 시대의 흐름에 부합하려고 노력한다. 사실 연예계에 있으면 대중들이 어떻게 살아가는지 현실적으로 체감하기 쉽지 않다. 더욱이 음악이란 상당히 예민하고 감성적인 장르이기 때문에 아티스트들은 자기만의 세계에 빠져들기 쉽다. 그런데 대중들과 소통하지 않는다면 그들이 공감하는 노래를 부르기 쉽지 않다. 이런 점을 잘 아는 프로 가수들은 시대에 뒤처지지 않기 위해서 다른 사람들이 어떻게 사는지 체험해보고 그들의 감정을 진실하게 느껴보기 위해 항상 노력한다.

유명세는 확실히 중독성 있다. 사람들이 나에게 열광하고 내 노래가 길거리에서 퍼져나온다. 포털사이트 검색어에 오르고 여기저기서 CF제의가 오고, 통장에 돈이 찍힌다. 그럴 때 사람들은 자신을 실제보다 더 높게 착각하게 된다. 스타, 연예인이기 전에 가수라는 본분을 잃어버리고 음악에 소홀해져버리는 것이다. 대중들이 원하는 건, 가수, 음악인, 아티스트인데 말이다.

좋은 가수가 되기 위해서는 많은 노력과 자기관리가 필요하다. 유명세에 따라는 책임과 시선은 만만치 않다. 빨리 유명해질수록 그만큼 빨리 슬럼프가 온다. 전곡을 뛰어넘는 히트곡을 불러야 하는 부담감이나 사람들의 시선이 주는 압박감, 홀로 몇 날 몇 밤을 지새워야 하는 외로움까지. 이런 스트레스는 일반인들이 상상할 수 없을 만큼 무거운 것이다.

가수가 되길 꿈꾸는 많은 사람들에게 이 말을 꼭 전해주고 싶다. 인생을 마라톤에 자주 비유하듯이 가수도 마찬가지다. 지금 무대 위에 있는 가수들은 마저 달려야 하는 42.195킬로미터 중 3킬로미터 정도 온 거다. 연습생들은 아직 출발 선상에도 안 서 있는 상태며, 가수 지망생들은 출발 선상에 서기 위해 지하철을 타고 오고 있는 중이다.

긍정적이 되자. 그럼에도 이기적이 되자. 대신 그 긍정의 무게는 균등하고 일정해야 한다. 속상한 일이 생겨도 나를 위한 것이야, 내일은 좀 더 나아질 거야, 라고 생각하자. 그러면 언젠가 당신도 누군가 칭찬해 마지않는 '좋은 가수'가 될 수 있다.

Track 5

오디션 합격의 노하우

③ 랩

-내가네트워크의 엣지 랩 트레이닝

Raptrainer
Hwang Dam

내가 네트워크 소속
가수들의 엣지 있는
랩을 담당하는
랩 트레이너
황 담

가수이자 작곡가, 랩 트레이너 황담. 그는 자신이 몸담고 있는 브랜뉴직에서 음악을 맡고 있으며 광고모델로도 대중들에게 얼굴을 알리고 있다. 가수 별의 〈세상의 반〉, 버블시스터즈 〈Soul Rebirth Part.1 Moonfunk〉 랩 피쳐링을 했으며 현재는 내가네트워크 소속 연습생의 랩 트레이닝을 담당하고 있다.

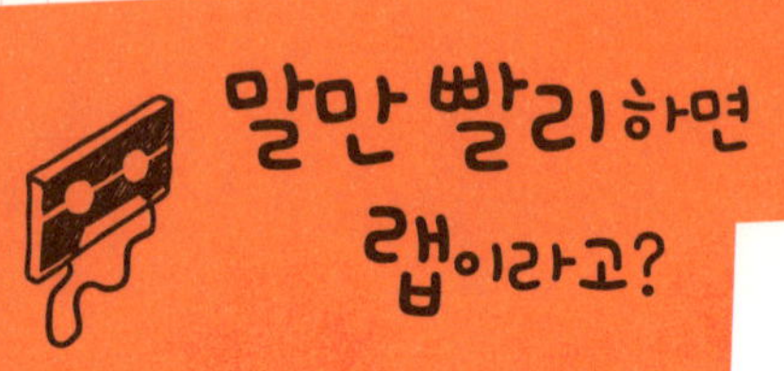

오디션 프로그램이 한창 유행할 때 TV를 보다 나도 모르게 화가 난 적이 있다. "노래랑 춤은 잘 못하는데, 랩은 잘해요." 하면서 오디션에 참가한 친구들이 있다. 화면에서 한동안 그 친구들을 잡아주는데, 코믹스러운 몸동작과 함께 어눌하고 어설픈 랩이 흘러나온다. 그 다음 이어지는 건 심사위원들의 웃음을 참지 못하는 표정들과 '충격! 충격!' 같은 웃음기 섞인 자막들.

물론 나도 주말에 휴식을 취하고자 TV를 보는 시청자 입장이라면 폭소를 터뜨리며 재미있어 했을 것이다. 그런데 10년 넘게 랩을 하는 사람으로서, 랩을 정말 사랑하고 진중히 대하는 사람으로서 마냥 웃을 수만은 없었다. TV를 보는 내내 '이건 아니다'라는 생각이 멈추질 않았다. 일단 그들이 들려주는 랩도 랩은 맞다. 흔히들 말하는 랩으로서의 필요한 요소들은 어느 정도 갖추긴 했으니 말이다. 하지만 이 책을 읽을 가수 지망생들이 들어보고 고민해봐야 할 만한 랩과는 엄청난 차이가 있다. 그저 사람들을 웃기려고 하는 말장난 수준의 랩들이 방송을 통해 노출되면서 랩 음악이라는 장르가 일반인들에게 친숙해지는 모습은 반갑지만 그만큼 쉽게 왜곡되고 있는 게 현실이다.

한번 물어보자. 최근에 유행하는 랩 하면 무엇이 떠오르는가? 특별히 랩 음악에 관심을 두고 있는 리스너가 아니라면 〈슈퍼스타K〉에 나와서 눈길을 끈 '랩통령'이나 유세윤과 뮤지로 구성된 '유브이', 정형돈과 데프콘의 '형돈이와 대준이', 개그맨들로 이루어진 '용감한 녀석들'이 먼저 떠오르지 않을까? 물론 다이나믹 듀오와 같이 대중적인 코드를 잃지 않으면서도 랩 음악으로서 본질적으로 놓치지 말아야 할 요소들을 꾸준히 발전시키고 들려준 음악들도 많이 있다.

랩은 보컬보다 일반적으로 접근하기가 쉽다. 당신이 2옥타브의 음역을 갖고 있는데, "자, 3옥타브의 노래를 불러보세요." 하면 그건 몇 달의 연습을 거쳐도 쉽지 않을 것이다. 하지만 랩은 리듬에 맞춰 몸을 흔들며 뭔가를 읊으면 어설프게나마 하루 이틀의 연습으로도 TV에 나오는 래퍼들과 그다지 동떨어지지 않는 모양새는 갖춰진다. 이런 맥락으로 볼 때 누구나 한번쯤 해볼 만한 게 노래보단 랩이고 실제로 그렇게 시작해서 좋은 래퍼들이 된 사람들도 많다. 이런 이유들로 인해 가요 시장에서는 아직까지 그저 쉬이 들리는 읊조림 혹은 그저 말을 빨리하는 것 정도가 랩을 바라보는 일반적인 정의로 여겨진다.

물론 이런 루트를 통해 랩의 매력에 빠져드는 것도 좋다. 즐기는 것보다 더 효과적인 학습은 없기 때문이다. 그런데 랩이 가지고 있는 진짜 매력은 따로 있다. 바로 '나를 내 마음대로 표현'할 수 있는 장르라는 것. 우리는 '직접 가사 쓰는 실력파 래퍼 탄생' 같은 기사를 종종 접한다. 요즘은 랩을 작사가들 혹은 래퍼들이 대신 써주는 경우가 많아 이런 재능(?)이 기사화되는지는 몰라도 '가사를 직접 쓴다 = 실력파'라는 공식은 성립하지 않는다. 랩은 원래 가사를 쓰는 것 반, 입으로 내뱉는 것 반으로 이루어지기 때문이다. 쉽게 말해, 래퍼는 원래 누구나 다 가사를 쓴다. 그리고 써야 한다. 자신이 생각하는 것, 느낀 것을 표현하는 것이 랩이다.

누군가는 "노래를 부르면서도 내가 이야기하고 싶은 것, 내 진심을 충분히 전달할 수 있는걸요."라고 말하는데, 이 또한 사실이다. 특히 싱어송 라이터가 된다면 누구보다 이상적이다. 하지만 현 가요시장에는 싱어송 라이터보다는 작사가가 써준 가사로 노래하는 경우가 압도적으로 많고, 내가 느낀 것을 그대로 전달하기보다는 그 노래 가사가 주는 감성을 표현하는 데 가깝다. 자신을 표현하는 아티스트들의 장이 어느새 대중이 원하는 몸짓과 노랫말을 보여주고 들려주는 서비스업이 되어버렸기 때문에 개인적으로는 아쉬운 마음이 크다. 하지만 적어도 래퍼라면 내가 뱉어낼 가사는 스스로 써야 한다.

랩은 모두가 보기 편하도록 약속된 기호나 단어로 표기하는 악보가 따로 없다. 일기가 랩이 될 수도 있고 친구와 나누는 수다가 랩이 될 수도 있으며 혼자 내뱉는 혼잣말이 랩이 될 수도 있는, 어찌 보면 다른 음악을 이루는 요소들에 비하면 보잘 것 없는 한 장의 프린트물이다. 하지만 이렇게 아무것도 아닌 낙서로 끝날 수 있는 그 글들을 음악에 묻혀서 표현하고, 또 좋은 비트에 얹어서 표현하는 것. 때로는 위트 있게 표현하거나 분노에 찬 아우성을 지르는 것. 이것이 바로 랩이다. 누군가 그저 재미를 위해 떠들어대고 있는 그것보다 훨씬 피나는 훈련과 고급스러운 작업과 고민 그리고 끝없는 노력의 결과물이 랩이어야 한다.

랩, 도대체 어떻게 해야 하나요?

랩, 노래, 춤 모두 마찬가지다. 즐기고 자주 들어라!

랩 트레이너로서 연습생을 가르치다 보면 종종 "랩을 배우기 좋은 노래 좀 추천해주세요." 하는 학생들이 있는데 내 대답은 항상 "네가 좋아하는 걸 들어라."다. 물론 '시대를 풍미한 랩 음악', '랩의 신화' 등으로 일컬어지는 검증된 노래들을 듣는 것도 분명히 중요하다. 하지만 처음 시작하는 입장에서 정말 랩에 제대로 빠져들고 싶다면 편안한 마음으로 자신이 좋아하는 걸 듣는 편이 나을 것이다. 빅뱅의 탑이나 지드래곤의 랩이 좋다면 그들의 음악을 듣고, 리쌍과 윤미래가 좋다면 이들의 노래를 들어라. 처음부터 랩을 공부하겠다고 오래된 정통 힙합 음악을 찾아서 들을 필요는 없다. 애초에 좋은 음악을 만든 사람들도 그 음악을 공부하는 마음으로 만들진 않았을 것이다. 음악에 접근하는 방법이 너무 무거우면 즐거워야 할 음악이 과제거리로 느껴지기 때문에 공부한다는 부담감과 의무감을 떨치는 게 무엇보다 중요하다.

내가 랩과 음악에 빠지게 된 건 자라온 환경의 영향이 가장 컸다. 어렸을 때 우리 집에서는 TV를 그다지 즐겨보지 않았고 음악을 많이 들었다. 거실에는 TV 대신 스피커, 전축, 진공관 앰프들이 가득 채워져 있었고, 록, 컨트리, 재즈, 샹송, 클래식, 팝 등 다양한 음악들을 들었다. 당연히 또래보단 가요 이외의 음악들에 익숙했고, 내 세대가 으레 그렇듯이 마이클 잭슨을 동경하고 거울 앞에서 그 춤을 흉내 내곤 했다.

1990년대 중반 내가 아직 어렸던 시절, 전 세계적으로 힙합 음악의 붐이 일었다. 자연스럽게 한국에서도 R&B, 힙합 음악을 표방한 음악이 유행했다. 현진영, 서태지와 아이들, 듀스 등을 시작으로 이후 솔리드, 업타운 등 해외파 아티스트들의 출현까지 그 당시에는 어디를 가나 힙합 음악이 울려 퍼졌다. 큰바지를 입고 나와 주로 세상에 대한, 혹은 기성세대에 대한 불만 표출, 자유를 외치는 음악들이 주로 힙합이라는 장르로 포장

되었다.

국내에서는 조PD, JP(김진표), DJ DOC 등이 앨범에 청소년 유해 매체 스티커를 붙이고 이전의 가요에서는 들어볼 수 없었던 신랄한 욕이 들어간 랩을 들려주고 있었다. 당시 나는 뉴욕 변두리 중학교에서 여름을 보내고 있었는데 그때는 MP3라는 매체가 있기 전이라 듣고 싶은 음악은 카세트테이프나 CD를 사거나 친구에게 빌려듣는 식이었다. 함께 농구를 하던 흑인 친구가 내가 듣는 노래를 들어보더니 "새로 나온 앨범인데 이게 최고야. 이걸 들어봐."라며 건네준 CD가 바로 〈우탕포에버Wu-tang forever〉였는데, 1997년에 발매된 우탕클랜Wu-Tang Clan의 두 번째 앨범이다.

이 앨범은 이후의 내 인생을 바꿔놓았을 정도로 충격이었다. 낮이고 밤이고 수천, 수만 번을 반복해서 들었고, 테이프가 아닌 CD도 너무 많이 들으면 늘어진다는 걸 알게 해주었다.

처음 그 앨범을 듣고 느꼈던 희열은 지금도 선명하다. 더도 말고 덜도 말고 '멋있다'였다. 한창 사춘기였던 나에게 '멋있다'라는 것 외에 무슨 이유가 더 필요했겠는가. 사랑과 이별이 뭔지도 모르는 나이였으니 내 나름 청소년기의 불평불만을 글로 써보고 박자에 맞춰서 읽어보았다. 그때는 15년이 지난 지금까지 이 일을 하리라곤 전혀 생각하지 못했지만, 그때부터 나는 온통 랩만 생각했다. 오고가며 보이는 간판들이나 글귀들을 보며 라임을 만들어보고, 노트에 적어보고, 좋아하는 랩 가사는 무조건 프린트해서 읽고 외우고를 끊임없이 반복했다. 자려고 누워서도 오로지 랩만 생각했다. 처음 랩을 사람들 앞에서 들려준 후로는 뭔가 모를 의무감과 욕심이 생겨서 독서량도 늘기 시작했다. 좀 더 고급스러운 표현, 재미있는 표현으로 사람들의 기억에 남기고 박수를 받고 싶은 마음이 다였다. 물론 이름도 얼굴도 모르는 사람들에게 내 이야기를 들려주는 이 일이 나에게는 정말 매력적이었고 지금도 마찬가지다.

보컬이나 댄스 트레이닝도 국내에서 체계적으로 자리 잡힌 지가 10년이 채 안 되었는데, 랩은 더하다. 그나마 보컬은 대학에 보컬 전문학과는 있었으니, 학위를 딴 전문가들이 자신의 노하우로 트레이닝도 할 수 있었다. 랩은 전문학과가 생긴 지도 얼마 안 된 만큼 체계적인 이론이나 커리큘럼이 없다. 트레이너들이 가르칠 수 있는 건 자신들이 체득한 노하우와 주관적인 지름길 정도다. 나 역시 단 한 번도 랩과 관련된 교육이나 레슨을 받아본 적은 없다. 그냥 즐기다 보니 잘하게 되고, 잘하다 보니 랩을 중심으로 작사, 작곡, 편곡 등 할 수 있는 영역이 순차적으로 늘어난 것뿐이다.

앞서 말했지만 랩을 잘하고 싶다면 음악을 많이 듣고 즐겨야 한다. 편식을 하거나 음식 먹기를 즐기지 못하는 사람이 좋은 미각으로 세계적인 요리사가 될 리가 만무하듯, 많은 음악을 들어보지 않은 사람이 다른 사람에게 좋은 음악을 들려주는 역할을 할 리가 없다.

무의식중에 틈날 때마다 음악을 듣는 것만으로도 그 양은 어마어마해지겠지만, 우리 주변에 '마니아'라고 불리는 사람들도 그 정도는 듣는다. 전문 래퍼가 되고 싶다면 좀 더 집중해서 들어보는 시간이 필요하다. 내가 이 음악을 왜 좋아하는지, 다른 사람들은 왜 좋아하는지, 이게 내 음악이라면 나는 어떻게 소화해냈을지 등을 고민해보는 것도 직접 만들고 불러보는 것만큼이나 중요한 작업 중 하나다.

여러 가지 방법이 있겠지만 나는 학생들에게 음악을 크게 틀어놓고 춤 춰보기를 권한다. 춤을 추다 보면 저절로 리듬이 몸에 익는다. 가수가 하는 대로 거창한 안무를 그대로 따라 할 필요는 없다. 그냥 가벼운 마음으로 음악에 몸을 맡겨보자. 그럼 어깨가 들썩이고 머리가 끄덕여지고 발도 까닥까닥거리는 스스로를 발견할 것이다. 이렇게 리듬감을 제대로 익힌다면 언

젠가 그 비트 위에 교과서를 그대로 읽어도 랩이 된다. 실제 학
생들을 가르쳐보면 춤을 잘 추고 즐기는 친구들이 랩도 잘하고
빨리 배운다.

랩을 배울 수 있는 아카데미가 있나요?

　　물론 있다. 혼자 할 자신이 없고, 경제적 여유가 있다면 아카데미에 가보는 것도 좋다. 다만 이때는 트레이너의 경력을 확인해야 한다. 본인이 배우고 싶어 하는, 특히 좋아하는 곡이나 앨범에 참여했던 사람이 트레이너라면 더없이 좋다. 그리고 가능하다면 정식으로 레슨을 듣기 전에 참관 레슨을 해보는 게 좋다. 어떤 트레이너들은 "자, 이 곡 그대로 따라 불러봐." 식의 말로 첫 레슨을 시작한다. 이런 레슨은 절대 피하라. 랩을 제대로 가르치는 트레이너는 무턱대고 남이 하는 걸 따라하도록 하지 않는다. 나한테 아직 내가 없는데 그 위에 다른 사람을 얹혀놓으면 후에 거기서 벗어나기 위해 낭비되는 시간이 엄청나다. 지금 내 상태 그대로에서부터 만들어가는 레슨이 바람직하다.

시설도 반드시 둘러보고 그 시설들이 수강생들에게 실질적으로 오픈되어 있는지 확인해봐야 한다. 비치되어 있는 좋은 시설들은 겉모양만 번듯한 장식용이거나 (혹은 오래 전부터 고장 상태이거나), 수강 종료까지 한 번도 이용해볼 수 없는 경우도 있다. 랩 레슨은 '랩을 쓰고 만드는 것'으로 시작해 '녹음하기'까지라고 봐야 맞다. 따라서 트레이너만큼이나 중요한 게 시설이다. 학원에서 레슨을 하게 되면 보컬은 건반이 있는 방에서 레슨이 이루어지고 랩은 달랑 컴퓨터 한 대와 화이트보드만 갖춰놓은 경우가 일반적이다. 잘못 찾아갔다간 리듬이 잘 느껴지지도 않는 작은 컴퓨터 스피커로 음악을 틀어놓고 랩을 가르치고 배워야 하는 열악한 조건에서 레슨을 받을 수도 있다. 따지고 보면 우리 집, 내 방이랑 뭐가 다르단 말인가. 이런 곳에 돈을 내고 배우느니 차라리 친구들과 노래방에 가서 노는 게 낫다.

녹음이라 하면 그 느낌이 매우 생소하고 거창한데, 헤드폰을 쓰고 부스(녹음실)에 들어가서 사람들의 이목이 집중된 가운데 노래를 하고 랩을 한다는 것 자체가 사실 쑥스럽고 긴장되는 일은 맞다. 그런데 처음 녹음을 해보는 사람들이 녹음 직후에 공통적으로 하는 말이 있다. 바로 "으악, 내 목소리 왜 이래!"다. 디지털카메라나 휴대전화 등으로 누구나 동영상을 찍어본 경험이 있을 것이다. 화면에 나오는 자신의 얼굴만큼이나 어색하게 느껴지는 게 바로 자신의 목소리다. 이상한 일이지만 잘 생각해보면 스튜디오에서 좋은 마이크로 녹음한 결과물을 들어보기 직전까지는 애석하게도 우리는 태어나서 스스로의 목소리를 제대로 들어본 적이 단 한 번도 없다.

녹음을 여러 번 해보면 글이나 말로는 가르치고 배울 수 없는 것들을 경험하고 배우게 된다. 언제 어디서든 몇 번이든 들어볼 결과물이 생겼기 때문에 내 목소리가 어떻게 매력적인지 어떤 부분이 보완되어야 하는지, 혼자서는 물론이고 주변 사람들과 피드백을 주고받을 매체가 생기는 것이다. 녹음은 평소와는 전혀 다른 공간의 내가 되어 랩이나 노래를 배워가는 과정이며 무대 경험 못지않게 중요한 훈련이다. 스스로가 랩을 잘하고 못하고를 떠나서, 적잖은 돈을 주고 찾아간 아카데미에서 녹음할 기회를 한 번도 주지 않는다면 두 번 생각할 것 없이 그만둬라. 녹음실이 없는 아카데미는 댄스 연습실에 거울이 없는 것과 같다.

나는 보통 첫 시간에 노는 분위기에서 랩을 해보도록 시킨다. 물론 잘하는 친구도 있고 못하는 친구도 있다. 쑥스러워 하고 어떤 노래를 불러야 할지도 몰라 우물쭈물한다. 그래도 아무

랩이나 해보라고 시키면 앞서 이야기한 우스꽝스러운 손동작과 랩이라고 하기엔 애매한 중얼거림을 들려준다. 아무래도 상관없다. 내가 듣고 싶은 건 랩이 아니고 리듬감과 목소리 톤 등이기 때문이다.

이후에는 사람마다 접근 방법이 다르다. 어떤 사람에게는 리듬감을 우선으로, 어떤 사람에게는 발성을 우선으로 접근하는 식이다. 각자 랩에 대해 생각하는 바가 다르고 들어온 음악이 다르기 때문에 일괄적인 방법으로는 제대로 가르칠 수가 없다. 그리고 그들 각자를 내가 좋다고 생각하는 틀에 가둬버리는 것도 옳지 않다.

그러나 첫 시간부터 공통적으로 강조하는 한 가지는 바로 발음이다. 랩이 빠르던 느리던 기본적으로 전달력이 떨어지면 가사를 아무리 잘 써도 소용없다. 아나운서가 발음 공부를 할 때처럼 펜을 입에 물고 책읽기를 할 정도로 심각한 상태가 아니면 대부분 평상시 말 한마디 한마디를 정성들여 하는 것만으로도 많은 발전을 보인다.

쓰여 있는 글들을 의도한 대로 읽어나가는 게 익숙해지면 일주일에 여덟 마디씩 랩을 쓰는 숙제를 내는데, 처음에는 모두 창피해한다. 자신의 생각을 써서 표현하는 건 누구에게나 민망한 일일 것이다. 마치 자신의 사적인 일기를 공개하는 기분일

| 랩 아카데미 커리큘럼 |

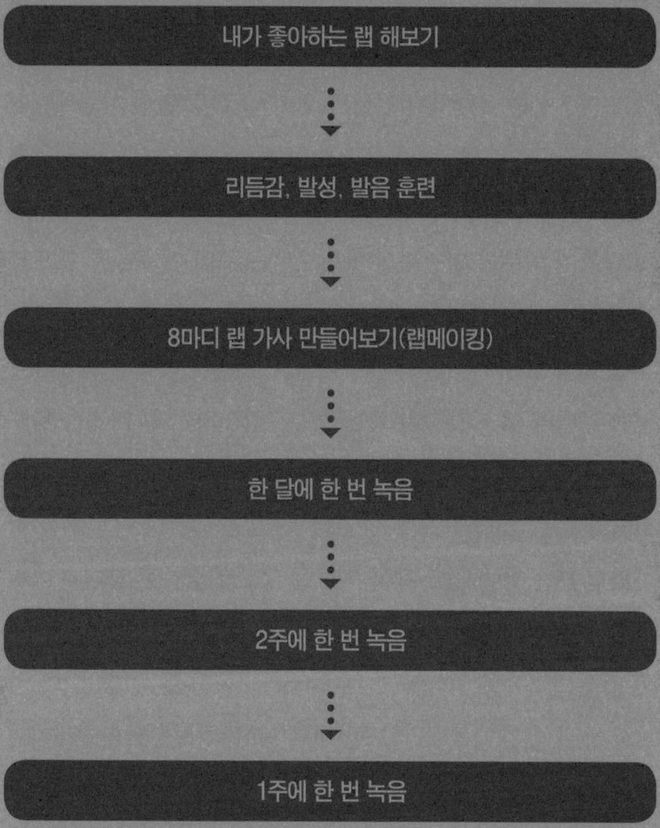

내가 좋아하는 랩 해보기

리듬감, 발성, 발음 훈련

8마디 랩 가사 만들어보기(랩메이킹)

한 달에 한 번 녹음

2주에 한 번 녹음

1주에 한 번 녹음

테지만 어설픈 작문의 결과물도 읽어봐야 뭐가 잘못됐는지 알수 있다. 보통 호흡을 미처 생각 못하고 글자 수만 맞췄다든가, 주제 자체에 너무 깊게 빠져들어 여덟 마디 내내 같은 말만 하고 있는 식이다. 어느 정도 보완을 해서 녹음시켜본 뒤 그 결과물을 직접 들어보게 하면, 랩메이킹 실력이 부쩍 늘어 있다. 물론 이 과정과 더불어 쉼 없이 글 읽기를 시킨다. 소설, 신문, 잡지, 만화책 등 어휘력을 보강할 수 있다면 어느 것이든 무관하다. 아무것도 안 읽는 것과는 전혀 다르다.

이렇게 되면 한 달에 한 번 했던 녹음이 2주에 한 번, 1주에 한 번으로 속도가 빨라진다. '이제 혼자 할 수 있겠다' 정도가 되려면 통상 1년 정도가 걸린다. 각자의 집중력과 타고난 리듬감, 어휘력, 센스 등에 따라서 달라지지만, 1년 정도 지나면 트레이너라는 이름을 달고 해줄 수 있는 건 잔소리뿐이다. 트레이닝 방법까지 배웠다면 나머지는 자신의 노력과 열정의 몫이다.

리듬은 좀 타는데, 랩메이킹은 엄두가 안 나요

   댄스 가수는 하루 열 시간씩 춤을 추고 보컬들은 성대 결절이 생길 때까지 노래를 한다. 래퍼들에게 그에 상응하는 노력이 있다면 바로 '독서'다. 독서는 가사를 쓰는 사람에게 여러모로 힘이 된다. 어휘력과 고급 단어들의 습득, 더불어 책마다 갖고 있는 다양한 감성마저도 좋은 영양분이 된다.

   간혹 래퍼 중에 독서와 거리가 먼 사람들이 있기는 하다. 그들이 쓴 가사를 보면 누구나 할 수 있는 말 혹은 어디선가 들어본 표현들만 나열되어 있다. '같은 뜻인데 굳이 어렵게 빙빙 돌려 말해야 하나?'라는 의문을 갖을지도 모르겠지만 어휘력이 늘면 쉬운 말을 어렵게 할 수도 있고 반대로 어려운 긴 글을 쉬운 한 줄로 표현할 수 있는 힘이 생긴다.

당신이 지상 1층, 지하 3층짜리 건물에 살고 있다고 가정해보자. 1층에는 친구들과 자주 쓰는 흔한 말과 표현들이 널려 있다. 편한 친구들과 흔히 쓰는 비속어는 물론이고 "밥 먹었냐?", "놀래?" 등 편하게 툭툭 내뱉는 말들은 언제든 주워서 쓰기 편한 1층에 있다.

선생님과 대화할 때는 거침없이 툭툭 뱉어내기보다 한 번쯤 걸러서 말해야 한다. 아무 생각 없이 말하다가는 친구들과 쓰는 비속어가 튀어나와 실수를 할지도 모른다. 이때 쓸 말들은 지하 1층, 비교적 가까운 곳에 있다. 지하 1층의 말들을 쓰면 약간의 수고로도 평소의 나보다 예의 있고 멋져 보일 수 있다.

지하 2층에는 알고는 있지만 굳이 일상에 쓰이지 않는 말들이 보관되어 있다. 사자성어나 속담, 영어 단어도 있다. 이곳은 시험을 볼 때나 신문을 읽을 때 가끔 내려가보면 된다.

지하 3층에는 뭐가 있는지 나도 가본 적이 없다. 지하 3층에 내려가려면 사전을 준비해야 하고, 계단도 오르락내리락해야 해 다리도 아프다.

이제 1층에 편하게 앉아서 가사를 써보기로 한다. 옆에 널리고 널린 단어들을 조합해서 멋들어진 말들을 만들어야 한다. 1층에 있는 것들만으로는 뭔가 부족하다. 지하 1층에 내려가서 몇 가지 단어들을 주워왔다. 좀 나아지긴 했는데 말이 괜히 복잡해졌다. 조금만 부드럽게 다듬어야겠다. 지하 2층에 내려가서 여러 가지 말들을 주워와 써보니 글이 한층 간단명료해졌다. 지하 3층까지 가보면 뭔가 더 있겠지만 귀찮다. 내 가사는 이쯤이면 충분하다.

지하 1, 2, 3층을 오가며 글을 써야 하다니 너무 힘들다. 그런데 꾸준한 독서와 글쓰기 연습은 지상 1층에서 지하 3층까지 운행하는 엘리베이터를 설치하는 것과 같다. 시간이 지나면 흩어져 있는 표현들을 1층에 모두 가져다놓는 것도 가능하다. 얼마나 편하겠는가. 머리를 쥐어짜지 않아도 머릿속에 그린 그림을 있는 그대로 삽시간에 말로 풀어낼 수 있는 능력은 가사를 쓰는 데 엄청난 도움이 된다. 가사를 쓰는 작업이 더 이상 괴롭지 않고 오히려 놀이처럼 즐거워진다. 풍부한 표현들에 노출이 되면 될수록 쉽게 가져다 쓸 수 있다. 요즘 가까이 지내는 친구의 이름은 바로 바로 떠오르지만 10년 전에 마지막으로 본 친구의 이름은 가물가물하듯이 글을 써야 하는 사람은 좋은 표현들을 곁에 두는 것이 중요하다.

내가 가사를 쓰기 시작한 지 꽤 많은 시간이 흘렀지만 아직도 꾸준히 책을 읽고 연구하는 이유는 끊임없는 연구만이 발전을 가져오기 때문이다. 하늘에서 내리는 비를 눈물에 비유하는

가사가 처음 나왔을 때에는 분명히 획기적이고 가슴에 와닿는
좋은 표현이었을지 모르지만, 지금 내가 예로 드는 이 순간 이미
식상하고 지겨울 뿐이다. 나만의 목소리를 갖기 위해 노력하듯
이 나만의 표현력을 길러야 한다.

그래도 책을 못 읽겠다면 영화라도 많이 보자. 영
화는 가사를 쓰는 데 아주 좋은 간접 경험을 만들어준
다. 이를테면 연애를 한 번도 못 한 사람이 이별 가사를 너무 쓰
고 싶은데, 정작 이별이 어떤 건지 마음으로 와닿는 게 없다. 친
구에게 물어볼 수도 없다. 그러다가 이별에 관한 영화를 보게
되면 그제야 이별이 뭔지를 느낄 수 있다. 주인공이 어두운 방
구석에 쪼그리고 앉아서 홀쭉해진 얼굴로 술을 잔뜩 마시고 그
녀의 집에 찾아간다거나 전화기를 들었다 놨다 하는 행동을 보
고 '아, 이별의 고통이 저런 식의 행동으로 이어지는구나' 하고
간접 경험을 하게 된다. 획기적인 표현으로 귀를 사로잡는 데는
다소 무리가 있을지 모르지만 적어도 가슴 아픈 사람들의 증상
은 표현할 수 있다. 전문 시나리오 작가들이 쓴 영화 속 대사들
도 어휘력과 입체적인 감성을 배우는 데 도움이 된다.

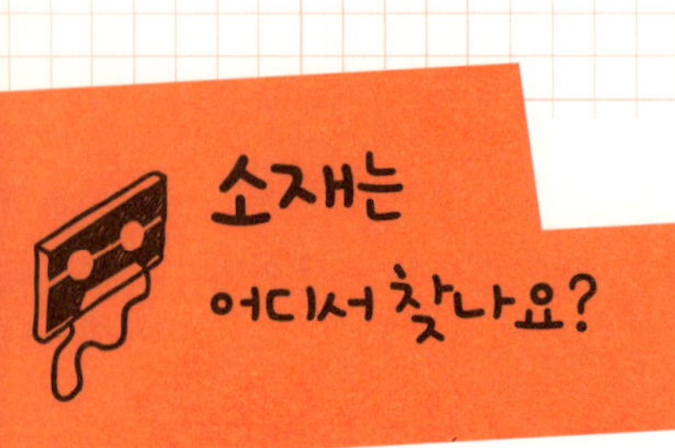

　일상 속의 아주 소소한 것들이 모두 소재가 될 수 있다는 생각의 전환이 필요하다. 지금 책상 위에 놓여 있는 커피 잔이, 아침저녁으로 시원해진 날씨가 가사의 소재가 될 수 있다. 나는 작업을 할 때 대중에게 들려줄 앨범에 들어갈 음악 이외에 나만을 위한 음악도 함께 만든다. 이런 작업은 나를 돌아보고 발견하는 시간이 된다. 그런데 혼자 갖고 있던 생각들에 대해 다른 사람과 이야기를 하다 보면 좀 더 명확해지고 발전되기도 한다. 이런 경험은 누구나 해봤을 것이다. 글로 옮겨 써본 머릿속 생각들에 가사를 입히면 누구든 공감할 수 있는 소재로 변한다. 소재의 고갈이 느껴질 때에는 지극히 개인적이고 소소한 내용으로 글을 써보자.

내가 할 랩을 누가 듣는지 상상해보고, 상대방이 빠져들 수 있는 상황을 제시해주는 것도 공감대 형성에 좋은 방법이다. 영화가 시작하자마자 주인공이 사랑하는 사람과 이별을 하고 울고 있다면 별다른 슬픔을 느끼지 못하겠지만, 어떻게 둘이 만나고 어떤 사랑을 했고 어떤 이유로 헤어졌는지를 보여준 후에 같은 장면을 보게 된다면 우리는 나름의 공감대를 형성하게 될 것이다. 같은 헤어짐의 가사도 무작정 '가지 말라', '슬프다'부터 시작된다면 타인의 이야기 같겠지만 영화 속 한 장면처럼 적막이 흐르는 공간 속에서 평소와는 다른 분위기부터 그려준다면 다음에 들려오는 슬픈 가사가 더 집중력 있고 설득력 있게 다가온다. 배려 없이 자기 이야기만 주구장창 해대는 대화 상대는 고역 그 자체다. 내 이야기를 듣게 하려면 편안하게 들어줄 자리를 먼저 만들어줘야 한다.

소재는 정말 무궁무진하다. 그 무한함 속에서 되도록 많은 사람들의 공감을 얻는 것이 고민거리인 것이다. 나와 내 주변 가까이에서부터 찾아보자.

프리스타일로 해볼래?

랩 음악은 다른 노래와는 달리 전문적으로 쓰이는 단어들이 몇 가지 있다. 미국에서 건너왔기 때문에 우리말로 순화되지 못하고, 또 우리말로 그 느낌을 딱히 대치할 만한 단어가 없어 영문 그대로 쓰고 있는 것 같기도 하다. 랩에 주로 쓰이는 용어들을 알고 있으면 음악을 이해하거나 소통하는 데 도움이 될 것이다.

라임Rhyme

라임은 가사의 발음에서 운율이 느껴지게끔 맞추어진 말들이다. 같거나 비슷한 발음의 자음, 모음의 조합을 의도적으로 만들어내어, 굳이 랩을 하지 않고 가사를 읽는 것만으로도 운율이 느껴지게 하는, 랩 음악에서 가장 중요한 필수 요소다.

한 음절의 라임부터 시작해 길게는 한 문장까지도 라임을 맞출 수가 있기 때문에 랩 음악의 여러 가지 요소들 중에서도 래퍼의 실력과 고민이 가장 많이 녹아드는 요소로 래퍼의 실력을 판단하는 첫 번째 척도가 되기도 한다.

그런데 랩 음악에서 유독 라임의 중요성이 강조되는 바람에 처음 랩 음악을 접하는 사람들이 필요 이상으로 어렵게 접근하는 경향이 있다. 사실 이 책을 읽어볼 만한 사람들은 그동안 즐겨듣고 연습해본 거의 모든 음악들에는 99퍼센트 라임이 존재해왔기 때문에 쉽게 이해할 수 있을 것이다.

R.kelly의 〈I believe I can fly〉中

I believe I can fly

I believe I can touch the sky

I think about it every night and day

Spread my wings and fly away

I believe I can soar

I see me running through that open door

I believe I can fly I believe I can fly

I believe I can fly

Rihanna의 〈Don't stop the music〉 中

It's getting late

I`m making my way over to my favorite place

I gotta get my body moving shake the stress away

I wasn't looking for nobody

when you looked my way

Possible candidate

각 문장을 한 줄씩 읽어보면 마지막 단어들의 발음의 유사성 때문에 굳이 노력하지 않아도 어느 부분이 라임인지 금방 눈치챌 수 있다. 노래가 처음 세상에 존재했을 때부터 가사에는 항상 라임이란 것이 있었기 때문에 유독 랩 음악에서만 힘주어 강조되어야 할 부분이 아니다. 다만 현재 가요계에서는 안타깝게도 가사 자체의 진중함이 많이 사라진 유형의 음악들이 유행하고 있어서 들어보기 어려울 뿐이다.

플로우 Flow

가사를 뱉어내는 흐름을 말한다.

같은 음악에 같은 가사의 랩을 해도 래퍼 각자의 플로우에 따라 결과물이 달라지기 때문에 스타일로 해석이 되기도 한다. 음의 높낮이, 음절을 뱉어내는 속도, 발음의 방법에 따라 리듬감과 라임을 잘 살려낼 수도 죽일 수도 있기 때문에 좋은 래퍼로서 갖추어야 할 또 하나의 필수 요소다.

인스트루멘탈 Instrumental

흔히 MR이라고 말하는 음악의 반주로 랩 음악에서는 비트 Beat라고 부르기도 한다.

최근에는 대다수의 음반들이 발매와 동시에 아카펠라(음악에서 반주를 빼고 보컬만 남아 있는 음원)를 뺀 인스트루멘탈 Instrumetal을 판매 혹은 공개하기도 하는데 래퍼들에게는 훌륭한 퀄리티의 비트에 연습하거나 자신의 믹스테입 Mixtape을 녹음해볼 수 있는 좋은 기회다. 데모 자작 시에 비트까지 만들어내야 하는 큰 수고를 덜어주기도 한다. 인터넷에서 좋아하는 아티스트나 노래 제목 뒤에 'Instrumental'을 쳐서 검색해보면 의외의 수확이 있을 수도 있다.

프리스타일 Freestyle

정해진 한 가사로 하는 랩이 아닌 즉석에서 하는 랩을 말한다. 프리스타일을 하면서 라임과 플로우를 어느 정도 갖추려면 꾸준한 노력과 순발력이 필요하며, 준비하지 않은 비트에 대응하기 위해서는 평소 다양한 비트의 연습이 필요하다.

프리스타일을 잘하는 래퍼가 실력이 좋다고 하는 선입견이 있는데 프리스타일과 일반 랩은 생각만큼 그렇게 큰 관계가 없다. 둘 다 잘하는 래퍼도 있지만 일반적으로 프리스타일 연습에 너무 심취한 래퍼는 4분 내외의 일반적인 비트를 힘 있게 끝까지 책임지고 끌고 가는 스토리 메이킹 부분이 취약한 경향도 있기 때문에 한쪽으로 치우친 연습은 좋지 않다.

더블링 Doubling

흔히 들어 볼 수 있는 랩 음악들은 특정 부분 목소리가 겹으로 들리거나 메아리처럼 뒤늦게 들리는 경우가 있다. 더블링이란 이렇게 메인 목소리에 덧입힌 녹음을 말한다. 래퍼들의 톤과 스타일에 따라 원래의 메인 랩 전체를 그대로 똑같이 더블링하는 경우도 있고 라임 부분만 덧녹음해서 더 강조하거나 흥을 돋우는 용도로 쓰이기도 한다.

# 심사위원들이 좋아하는 랩 노래는 뭔가요?

일단 오디션의 목적을 이해해야 한다. 가수 오디션이란 것은 가수를 뽑는 게 아니고 가수가 될 사람을 뽑는 오디션이다. 물론 이미 가수 못지않은 실력이 있다면 더없이 좋겠지만 그게 아니라면 가능성을 보여줘야 한다. 따라서 무리해서 내가 갖고 있는 것 이상을 보이기보다 지금 있는 그대로를 적극적으로 꾸밈없이 보여주는 편이 오히려 유리하다. 노래를 부른다면 자신이 부르기 힘든 키의 곡을 선곡해서 악을 쓰기보다는 가급적이면 안정적이고 멋있는 모습을 보이는 편이 나을 것이다.

랩도 마찬가지다. 발음도 채 익히지 못한 영어 랩을 무리해서 보여주거나 어설픈 자작 랩을 보여주는 것보다 이미 대중들에게 검증이 끝난, 누구나 알고 있는 랩을 안정적으로 들려주는 편이 낫다. 그래야 앞에서 보는 이들도 어느 정도의 기준이 서기 때문이다.

흔히 언더그라운드에서 좋은 반응을 얻는 곡들이 랩 음악으로서 좋은 음악이 될 수는 있지만 오디션에서는 좋은 선곡이 되지 못한다. 언더그라운드 레이블에서 오디션을 보는 거라면 다른 이야기가 되겠지만 일반적인 음반 기획사에서는 랩을 바라보는 관점 자체가 다르기 때문에 정말 열심히 준비해 간 랩이 신통찮은 반응만 이끌어내고 끝날 가능성이 크다.

오디션 현장에서 누군가를 감동시킬 드라마 같은 꿈은 꾸지 말자. 랩은 더욱 더 그렇다. 앞에 앉아 있는 사람들은 본인들이 노래나 랩을 잘하기 때문에 혹은 주변에서 그런 사람들을 이미 너무 많이 봐왔기 때문에 애초에 오디션에서 감동 받을 기대도 하지 않는다. 그저 나를 뽑아야 하는 이유를 들려주는 걸로도 충분하다.

실제로 드물게는 랩 자체는 별로인데 랩을 할 때의 목소리와 표정, 옷 입은 스타일, 자신감 등이 좋아서 뽑히는 사람도 있다. 부족한 부분은 책임져줄 트레이너들이 있기 때문에 미래를 바라보는 것이다. 가장 편하게 들려줄 수 있는 랩을 해야 듣는 사람도 편하게 듣는다. 무리하지 말고 기준선을 바로 잡자.

전혀 아니다. '랩 음악의 본고장은 미국이다'라는 관념에서부터 시작된 생각인 것 같은데 물론 잘해서 나쁠 건 없지만 어중간한 영어랩은 오히려 독이 된다. 괜히 한마디쯤 영어로 하면 멋있다는 생각에 제대로 뜻도 모르는 영어랩을 넣는 경우가 많다. 누구의 어떤 노래라고 콕 집어 말할 순 없지만 발음도 의미도 터무니없는 영어랩을 매체에서 자주 접한다.

가리온과 다이나믹 듀오, 이 두 팀의 랩을 들어보자. 영어 한 자 쓰지 않고도 충분히 멋들어지는 랩을 하는 것은 물론이고, 심지어 '가리온'은 얼마 전 순수 사투리로 랩을 해서 화제를 모으기도 했다. 투박하고 촌스러울 거라 생각하겠지만 영어랩에서는 느낄 수 없는 한글 특유의 독립된 음절들이 만들어내는 박자가 훌륭하거니와 한국인이라면 그 누가 들어도 한마디도 놓치지 않고 쉽게 알아들을 수 있다는 통쾌함마저 느껴지는 하나의 작품이었다.

반면 우리말 랩을 우리말 같지 않게 소화해내는 경우도 있다. 지드래곤의 랩을 들어보면 한글의 'ㄹ'을 영어 'L' 발음과 유사하게 소화해내면서 상당히 독특한 색깔을 만들어냈다. 과하면 거북할지 모르겠지만 이렇게 자기만의 색을 만들어낸다면 영어를 잘하고 말고는 아무런 문제가 되지 않는다.

대부분의 사람들은 음악을 들을 때 가수의 호흡을 크게 신경 쓰지 않는다. 그런데 노래를 신경 써서 유심히 들어보면 노래하기 전 박자에 숨을 들이마시는 소리가 들릴 것이다. 이 숨소리는 곡에 따라 감정을 살려주기도 하고 박자에도 영향을 미치기 때문에 실제 녹음실에서는 이 숨소리를 일부러 지우거나 키운다. 심지어 따로 정성 들여 녹음하는 경우도 있을 만큼 중요한 요소다.

그런데 유튜브에서 외국 래퍼의 이름 뒤에 아카펠라를 추가해 검색해서 들어보자. 특별한 경우를 제외하고는 있는 대로 잔뜩 숨을 들이마시는 경우도, 그 호흡을 다 쓸 때까지 쥐어짜며 랩을 하는 경우도 없다. 호흡이 격해지면 목소리가 변하거나

떨림이 생기고 공연을 하는 경우에는 심하면 현기증이 오기도
한다.

일상 대화를 하면서 언제 숨을 쉬고 뱉을지를 생각하는 사
람은 한 명도 없을 텐데 유난히 랩을 할 때면 호흡을 컨트롤하
려고 덤비기 시작한다. 의식을 하면 할수록 랩의 흐름에 방해가
되기 때문에 오히려 편한 마음을 갖는 게 낫다.

특이한 스타일의 랩을 고수하는 상황이 아닌데도 랩을 할
때 호흡이 딸린다는 것은 대부분 발성이나 랩메이킹 단계에서
비롯된 문제일 가능성이 크다. 기존 곡의 랩 연습 중에 도저히
호흡할 포인트를 찾지 못했다면 오버랩으로 녹음된 랩일 가능
성도 있다. 저스틴 팀버레이크Justin Timberlake의 〈마이 러브My
Love〉란 곡에 랩을 한 T.I.의 파트를 들어보자. 오버랩이란 앞선
소절의 끝과 다음 소절의 시작이 맞물리거나 겹치는 것을 말한
다. 실제로 의도적으로도 많이 사용되는 녹음 방법이기 때문에
염두에 두고 연습하면 된다.

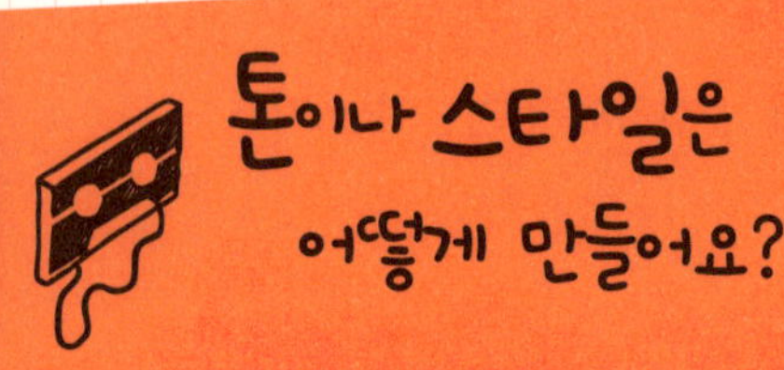

톤과 스타일은 다른 사람의 랩과 스스로를 차별화하는 가장 큰 기준이다. 톤은 목소리 색깔이라고 할 수 있는데, 얼굴 생김새가 저마다 다른 것처럼 모든 사람들이 모두 다르게 갖고 태어나며 바꿀 수도 없다. 가수 정인이나 나얼의 공통점은 무엇일까? 누구도 따라할 수 없는 독특한 음색, 톤이다. 톤은 연습으로 옥타브를 올리거나, 랩을 빨리 구사하는 것과는 다르게 연습으로 해결되지 않는다. 결국 좋은 톤의 기준은 내가 말하는 스타일과 얼마나 가까우냐에 따라 결정된다. 실제 목소리, 말하는 톤과 같을수록 좋은 랩 톤이 된다.

다른 가수의 톤이 좋다고 무작정 따라하기 시작하면 녹음이나 공연을 할 때 남들보다 목이 빨리 쉬고, 컨디션이 안 좋을 때는 연습했던 목소리가 아예 안 나오는 경우도 생긴다. 심지어 한 앨범에 들어 있는 열 곡 모두 톤과 스타일이 제각각인 문제가 생기기도 한다.

몇 번 녹음을 하고 스스로의 목소리를 많이 듣게 되면 톤이 잡히기 시작하는데, 즐겨듣는 가수의 목소리나 창법을 무의식중에 닮아가는 것과 비슷한 원리다. 결국 내 목소리를 내가 따라하고 연습하게 되는 것이다.

이렇게 톤을 잡는다. 그런데 아직 내 목소리를 그냥 전달하는 데 불과하기 때문에 단조롭고 개성이랄 게 없는 단계다. 이때 필요한 게 스타일이다. '앞박을 탄다', '뒷박을 탄다'라는 식으로 스타일의 구분이 되기도 하고 같은 비트에도 비트를 쪼개며 빠른 진행을 보이는 스타일이 있는가 하면, 여유로운 스타일도 있다. 같은 비트에 여러 래퍼가 랩을 한 곡들을 찾아서 들어보자. 분명 비트는 그대로인데 누가 랩을 하느냐에 따라 곡이 빠르게도 느껴지고 느리게도 느껴진다.

요즘은 장르의 구분이 많이 사라졌고 기준이 모호해져버렸다. 랩도 전처럼 힙합이라는 장르의 전유물이 아닌 만큼 여러 가지 스타일을 체득하고 소화해낼수록 유리한 시대가 됐다. 나와는 전혀 어울릴 것 같지 않은 래퍼들의 스타일도 다양하게 연구해보자. 어차피 타고난 것이 다르고 웬만한 훈련으로도 똑같아질 수는 없기 때문에, 혹시 지금의 내가 갖고 있는 스타일이 망가지거나 사라질까봐 걱정하지 않아도 된다. 랩을 듣고 연구하는 스펙트럼을 넓히고 나면 그 많은 스타일 중에 내가 좋아하고 잘 할 수 있는 몇 가지들만 걸러져 남게 된다. 닮고 싶은 아티스트만 편식하게 되면 정점에 이르렀을 때 제2의 누군가밖에 될 수 없다.

성대를 위해서 무엇을 해야 하죠?

열심히 연습하면 목이 쉬는 것이 어찌 보면 당연한 일이지만 남들보다 목이 빨리 쉬거나 지치고, 회복이 유난히 느린 사람들이 있다. 목을 관리하는 것도 중요하지만 사실 몸 전체의 문제다. 악기를 연주하는 사람들은 저렴한 연습용 악기로 시작해 늘어갈수록 몇 백만 원에서 비싸게는 몇 억 원에 호가하는 악기들을 사용하기도 하는데, 이들은 가격을 불문하고 자신들의 악기를 애지중지 여긴다. 그런데 노래하고 랩을 하는 사람들은 몇 억 원과는 비할 수 없이 비싼 악기인 내 몸을 어떻게 다루고 있는지 잘 생각해볼 일이다.

밤새 술을 마시거나 지나친 흡연을 하는 래퍼는 기타에 물을 들이붓고, 다 말랐다 싶으면 더러운 수건으로 문지르고, 짜증나면 기타를 던지는 기타리스트와 다를 바가 없다. 성인군자가 되어 도를 닦는 마음으로 살기를 권하는 게 아니고 최소한 내 악기를 소중히 여기라는 말이다. 아무 생각 없이 노동을 하면 몸져눕지만 올바른 방법으로 운동을 하면 탄탄한 몸매를 갖게 된다. 이처럼 우리의 성대도 꾸준히 올바르게 관리하고 훈련하면 튼튼해지고 내가 원하는 대로 컨트롤이 된다.

혹시 비효율적인 발성으로 목을 혹사시키는 건 아닌지도 확인해보자. 식당에서 내가 몇 번을 불러도 모른 체하던 종업원이 친구가 하는 말은 바로 알아듣는다면 목소리가 크고 작은 문제를 떠나서 비효율적인 울림을 사용하고 있을 가능성이 크다. 신기하게도 우리는 할머니, 할아버지 앞에서는 애교 넘치는 손자, 손녀의 발성, 이성 친구 앞에서는 분위기 있고 믿음직스럽고, 사랑스러운 발성, 친구들에게는 편한 발성 등 각기 다른 수많은 발성을 무의식중에 이미 사용하고 있다. 다만 발성을 컨트롤해볼 생각에 머리만 복잡해진 것이다. 랩을 하고 있다면 누군가의 귀나 마이크가 내 앞에 있을 것이다. 아무 생각 없이 힘만 빼고 열심히 연습했다고 자위할 게 아니고 얼마나 효율적으로 내 소리를 전달했는지를 생각해보자.

PUT YOUR HANDS UP! 손짓 하나로 사람들을 열광시키고 싶어요

래퍼에게 제스처는 안무가 될 수가 있다. 적절한 제스처에 따라 가사 전달이 효과적으로 되거나 멋진 제스처로 관객의 호응을 배가시킬 수도 있기 때문에 한번쯤 고민해볼 만한 부분이다. 그러나 사실 좋은 래퍼들은 라이브 무대에서 이렇다 할 몸동작을 많이 보여주지는 않고 시종일관 리듬에 몸을 자연스레 맡겨놓는다. 그루브에 맞춰서 위아래 혹은 좌우로 끊임없이 바운스를 탄다. 그냥 보면 이쪽 저쪽 아무 생각 없이 걸어 다니는 것처럼 보이지만 자세히 보면 걸음걸이도 리듬에 얹혀져 있다.

뮤직비디오와 달리 무대 위에서의 지나친 몸동작은 관객의 시선과 집중력을 분산시키기 때문에 너무 과하면 안 된다. 뉴스를 보는데 앵커들이 멘트에 따라서 손을 이리저리 부산하게 움직인다면 산만해서 귀에 아무것도 안 들어올 것이다. 세세하고 디테일한 제스처들을 머리로 계산하고 연습해서 집어넣으면 마음이 바빠지고 정신이 없기 때문에 편안한 상태에서 리듬에 충실한 몸동작이 사실은 가장 좋은 제스처다.

_표정 연기로 노래를 극대화시키는 가수, 브아걸

듣는 음악보다 보는 음악이 더 많아진 요즘은 제스처만큼 중요한 게 표정이다. 국내에서는 지드래곤, 외국에서는 크리스 브라운을 꼽을 수 있다. 이들의 무대나 뮤직비디오를 보고 있자면 사실 표정 연기를 잘한다기보다는 잘 놀고 있다는 생각이 든다. 그만큼 자연스럽게 표현하는 것이 중요하다.

이런 표정 연기는 아티스트로서 타고나는 끼도 있겠지만 평상시 연습이 되어 있지 않으면 쉽게 나오지 않는다. 휴대전화 하나로도 얼마든지 손쉽게 표정을 연습해볼 수 있기 때문에 다양한 감성의 음악과 영상을 접하면서 훈련해보자.

Track 6

연습생 24시간 따라잡기

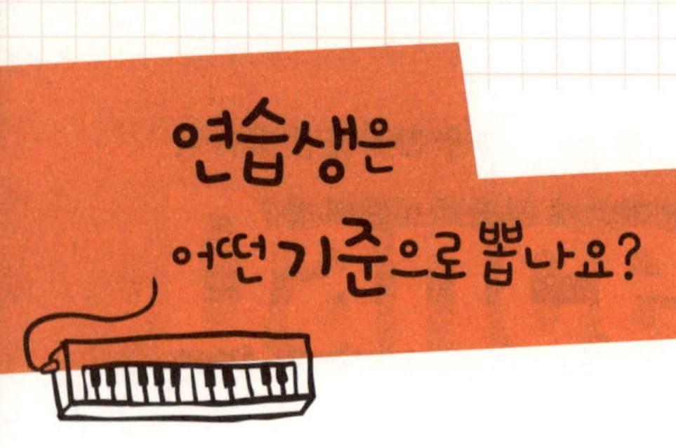

공중파 오디션 프로그램에서 1등을 했다고, 유명 기획사 공개 오디션에 합격을 했다고 바로 가수가 될까? 절대 아니다. 가수 데뷔를 위해서는 필수적으로 '연습생' 시절을 거쳐야 한다.

연습생을 뽑기 위한 오디션에서는 가능성을 가늠하는 게 우선이다. 다듬어지지 않은 상태에서 끼나 재능, 자신감, 그리고 가수가 되고자 하는 열정으로 지망생들을 평가한다. 이렇게 선발된 연습생들은 일정 기간 전문적인 트레이닝을 통해 가수로 데뷔한다.

연습생을 뽑는 기준은 각 회사마다 조금씩 다르다. 오디션 프로그램 〈K팝스타〉에서 나왔듯이 SM엔터테인먼트에서 합격점을 준 지원자를 JYP엔터테인먼트에서는 불합격시키기도 한다. 무조건 '이 회사가 유명하니까', '소속 연예인이 많으니까'라는 기준으로 가고자 하는 회사를 판단하지 말고, 자신의 음악적 성향과 맞는 기획사를 선택하는 게 맞다.

하지만 어느 기획사든 '재능'은 공통적인 심사기준이다. 얼마나 노래를 잘할 수 있을까, 잘할 만한 가능성을 갖고 있는가를 판단한 뒤 참가자의 열정을 본다.

오디션에 합격하기는 하늘의 별따기만큼 어렵다. 그런데 사실 오디션을 합격하는 것보다 연습생 시절을 버티는 게 더 어렵다. 연습생으로 트레이닝을 받다가 포기하는 경우도 상당히 많다. 연습이 고되어서, 몸이 피곤해서, 평가에 대한 스트레스, 죽어라 연습해도 늘지 않는 실력까지. 많은 연습생들이 다양한 이유로 오랜 시간 열망했던 꿈을 포기한다.

실제로 데뷔한 아이돌 그룹 중에서 초창기부터 연습생 시절을 함께하지 않은 멤버들도 많다. 데뷔를 코앞에 두고도 더 이상 못 하겠다고 나가는 연습생도 더러 있는데, 이때는 준비돼 있던 다른 연습생을 멤버로 넣어 팀을 다시 준비해야 한다. 이런 과정은 기획사 입장에서도 무척 소모적이기 때문에 고된 트레이닝을 견딜 만한 독함, 성실한 자세, 열정적인 성격을 가진 지원자를 선호할 수밖에 없다.

연예인이 되기 위해서는 노래, 춤, 연기 등 다양한 능력이 필요하다. 심지어 말도 잘하고 호감 가는 표정도 지을 줄 알아야 한다. 이 모든 걸 오디션에서 한 번에 보여줄 수는 없다. 이렇게 많은 능력을 필요로 하지만 심사위원들은 이 중에서 지원자가 제일 잘하는 한 가지를 집중적으로 본다.

노래 60점, 춤 80점, 연기 50점……. 이런 식으로 두루두루 잘하는 지원자보다 노래 하나만이라도 100점을 받을 수 있는 지원자를 선호한다. 이런 지원자는 노래만으로 100점을 얻기까지 엄청난 노력을 해왔다는 것을 인정하는 것이다.

물론 한정된 오디션 시간 내에 본인의 장점을 최대한 부각시키는 건 좋다. 하지만 이것저것 욕심을 내어서 정작 최고의 장점을 제대로 보여주지 못하기보다는 정말 잘하는 것 한 가지를 선택해 집중하는 게 오디션을 통과하기 위한 가장 기본적인 자세다.

당연하다. 영원한 연습생은 없다. 또한 가수 데뷔를 보장받은 연습생들도 없다. 연습생들은 의무적으로 한 달에 한 번 월말평가를 받는다. 월말평가에는 기획사의 대표, 이사진, 전 부서의 팀장들 등 10여 명이 참석하는데, 그들 앞에서 그동안 기량을 얼마나 닦았는지, 실력은 얼마나 늘었는지를 객관적으로 평가받는다. 물론 이 모든 장면을 카메라로 녹화하기 때문에 카메라 테스트도 본다고 할 수 있다. 고음 처리가 부족하고 카메라에 눈 맞춤을 못한다는 지적을 받아온 연습생이 몇 달이 지나도록 개선되지 않는다면 기획사에서는 더 이상 가능성이 없다고 판단할 수밖에 없다. 실력도 실력이지만 지적사항을 고치지 않는다는 건 열의가 없다는 것으로 생각될 수밖에 없다.

　　실력만큼 인성도 중요하다. 연습생 중에는 초등학생도 있고, 고등학교 3학년 학생도 있다. 또 3년째 연습생인 친구도 있고, 들어온 지 한 달이 채 안 된 친구도 있다. 회사는 이들이 가족처럼 마음을 모으고 서로를 독려하며 함께 성장하기를 바란다. 그런데 먼저 들어온 연습생들이 텃세를 부린다거나 나이가 많다는 이유로 어린 연습생들에게 자기 할 일을 미루거나 서로 이간질을 시키면 당연히 연습생 내부에서 불화가 일어난다. 회사는 이를 가만히 두고 볼 수 없기 때문에 문제를 일으킨 연습생을 퇴출시킬 수밖에 없다.

　　B양이 대표적인 경우였다. 노래도 잘하고 얼굴도 예뻤지만 어려서부터 잘한다, 잘한다 소리만 듣고 자라서일까. 남을 배려하는 마음씨나 긍정적인 생각이 부족했다. "전 이것보다 잘할 수 있는데, 트레이너 선생님께서 너무 어려운 곡을 주시잖아요.", "C양이랑 연습시간대를 다르게 배치해주세요. 저랑은 잘 안 맞는 것 같아요."

　　계속 이런 식의 불만을 늘어놓으니 회사 입장에서 더 이상 예쁘게 보일 리가 없었다. 심지어 자기 마음에 안 든다고 팀 연습을 예고 없이 빠져버렸는데, 그 사건을 계기로 B양은 바로 퇴출됐다. 이런 비뚤어진 성격과 이기적인 태도를 가진 연습생은

가수 연습생의 두 가지 길

퇴출

불평불만
담배 · 술
이성교제

데뷔

연습

어디서도 사랑 받지 못한다. 그 뒤 B양은 여러 기획사를 전전하다 결국 가수의 꿈을 접었다.

청소년의 신분으로 하지 말아야 할 일을 저질렀을 때도 퇴출된다. 예전부터 가수, 연예인은 '노는 애들', '일진' 같은 안 좋은 편견에 많이 노출돼 있었는데, 그런 소문은 데뷔 후에도 치명적인 스캔들을 가져올 수 있다. 기획사는 모범적이고 성실한 연습생을 원한다. 술·담배를 한다거나 폭력이나 절도 등으로 경찰서를 오가는 범죄행위를 절대 용납하지 않는다.

이성 교제도 회사에서 주의를 기울이는 부분이다. "어떻게 사랑하는 걸 막을 수 있나요?"라고 불만을 제기할 수 있지만 기획사 입장에서는 가장 열심히 트레이닝을 받아야 하는 연습생들이 이성 친구 때문에 연습에 빠진다거나 컨디션 조절을 못하고 감정 기복에 흔들리는 것을 냉정하게 판단하는 수밖에 없다. 특히 사내 연습생끼리의 교제는 연습 분위기를 망치고 다른 친구들에게도 영향을 미치기 때문에 퇴출 사유가 될 수 있다.

아이돌 그룹들은 어떤 연습생 과정을 거쳐 가수가 됐나요?

연습생 계약을 하자마자 시작되는 게 '기초 과정'이다. 노래에서는 호흡과 발성부터 배우고, 춤 역시 가장 기초적인 '스트레칭'부터 배운다. 일종의 병원이라고 생각하면 된다. 녹음실에서 직접 녹음해서 들어보고 음정, 음감, 리듬감, 표현, 성대 접촉률, 바이브레이션, 후두 긴장 정도를 체크한다. 이를테면 도, 레, 미, 파, 솔, 라, 시, 도 같은 음정 구분은 잘 못하는데 자기가 좋아하는 노래는 정확한 음으로 따라 부를 수 있는 경우, 피아노 등 악기를 통해 도, 레, 미, 파, 솔, 라, 시, 도 각각의 음을 귀에 정확히 익히도록 한다. 목상태가 좋지 않으면 언어 치료라고 해서 말하는 습관을 고치는 트레이닝을 시작하기도 한다. 이렇게 잘못된 습관이 어느 정도 개선되면 기본적인 스킬 연습이 시작된다. 셈여림, 발음 연습, 바이브레이션 연습 등 심화 과정으로 넘어간다.

기초 과정을 충분히 소화하게 되면 월말평가와 영상체크(월말평가를 위해 매일 영상을 찍어 모니터한 뒤 부족한 부분을 확인하는 과정)를 받는다. 이때부터가 심화 과정이라고 할 수 있는데 매달 주어진 미션에 맞춰 춤과 노래를 자신에게 완벽하게 녹여내는 방법을 배우게 된다.

심화 과정을 통과한 연습생들은 회사에서 구상하는 앨범 프로젝트에 투입된다. 이 과정에서 회사는 어떤 연습생을 가수로 만들지도 함께 협의한다. 따라서 바로 데뷔를 준비하는 개념보다는 '개발 과정'에 가깝다고 생각하면 된다. 앨범 제작 관련 스태프들이 연습생이 이 앨범 프로젝트의 색깔에 잘 맞는지 곁에서 가까이 지켜보며 프로가 될 수 있는지 최종적으로 확인하는 단계다.

이 단계를 무사히 통과하면 본격적으로 앨범에 필요한 연습을 시작하며 곡 녹음, 스타일링, 촬영 등 프로 세계에 뛰어들 준비를 한다. 만약 이 프로젝트에 잘 맞지 않는다고 판단되면

| 연습생에서 가수 데뷔까지의 과정 |

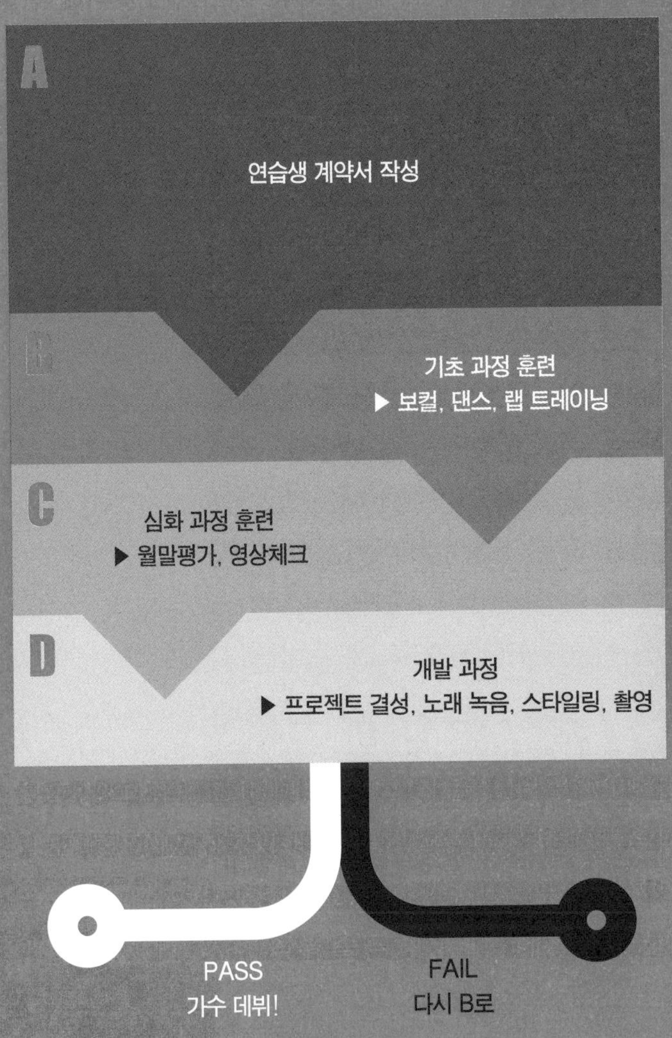
A
연습생 계약서 작성
B
기초 과정 훈련
▶ 보컬, 댄스, 랩 트레이닝
C
심화 과정 훈련
▶ 월말평가, 영상체크
D
개발 과정
▶ 프로젝트 결성, 노래 녹음, 스타일링, 촬영
PASS
가수 데뷔!
FAIL
다시 B로

개발 과정이 훨씬 길어지거나 다른 프로젝트에 투입된다.

　앨범이 발매되면 TV에서 노래를 부르고 홍보를 위해 여러 프로그램에 출연하게 되는데, 이때도 TV에 나온다는 것 외에는 보컬 레슨과 댄스 레슨을 똑같이 진행한다. 오히려 이 과정에서 자만하거나 불성실하게 임하면 금세 다른 가수들에게 뒤처지기 때문에 긴장의 끈을 놓아서는 안 된다.

데일리 연습 영상 모니터 2012.01. 01~ 01.07

월요일

데뷔하려면 해야 할 것	평가
감정	아직 부족함
제스처	조금 과함
표정	적절함
음정	중간중간 흔들림

화요일

데뷔하려면 해야 할 것	평가
감정	조금 더 연습
제스처	힘을 조금 빼기
표정	잘했음
음정	제스처가 강할
	때마다 흔들림

수요일

데뷔하려면 해야 할 것	평가
감정	많이 나아졌음
제스처	아직도 과한 느낌
표정	OK
음정	더 노력할 것

목요일

데뷔하려면 해야 할 것	평가
감정	조금 더 노력
제스처	많이 절제됨
표정	OK
음정	어제보다 나음

금요일

데뷔하려면 해야 할 것	평가
감정	점점 나아짐
제스처	적절함
표정	어색해 보임
음정	점점 나아지고
	있음

토/일요일

데뷔하려면 해야 할 것	평가
감정	적절함
제스처	OK
표정	어제보다 나음
음정	잘하고 있음

연습생이 되면 생활 환경이 180도 변한다. 특히 자신만의 시간과 가족과 함께 보낼 수 있는 시간, 친구들과 보내는 시간이 많이 줄어든다. 대신 그 시간에 기획사, 연습실이라는 낯선 환경에서 레슨을 받고 연습을 한다.

내가네트워크는 정식 데뷔 준비를 시작하기 전까지 모든 정규 수업을 받도록 하고 있다. 초등학생부터 연습생을 시작한 경우, 처음에야 가수가 될 수 있다는 꿈에 부풀어 열심히 하지만 시간이 흐를수록 학교생활을 제대로 못하는 것에 대한 불만이 쌓이기도 한다. 또래친구들은 친구 집에도 놀러가고, 쇼핑을 가고, 영화도 보는데, 자신은 수업도 제대로 듣지 못하고 바로 연습실로 와야 하는 상황에 소외감을 느끼기도 한다. 특히 감성이 한창 예민한 사춘기 때는 더 심한 고비로 나타나기도 한다.

아역배우 출신 연예인들에게 가장 후회하는 걸 물으면 백이면 백 "어릴 때 학창 시절 추억이랄까, 친한 친구를 만들 시간이 없던 게 아쉬워요." 하고 대답한다. 가수 활동이 본격적으로 시작되면 학교생활을 하고 싶어도 할 시간이 없어진다. 따라서 연습생 때는 모든 수업을 마친 후 연습실로 오도록 하고 있다.

또 연습생 생활 중간에 실력 부진으로 퇴출된다면? 평소 학교생활을 정상적으로 병행하지 않는다면 갈 곳이 없어지고 인생에서 도태될 수밖에 없다.

가수가 된다고 해서 모든 학업을 중단하고 가수 활동에 올인하겠다고 생각하는 건 위험하다. 학교에서 배우는 기초 학업과 친구들과의 관계 형성, 인성교육 등은 앞으로의 긴 인생에서 매우 중요하다.

연습생이 된다고 해서 학교 수업에 큰 영향을 받지 않는다. 하지만 연습생 입장에서 학교생활과 연습생 생활을 모두 병행해야 한다는 건 체력적으로나 정신적으로 많은 스트레스일 것이다. 남들과 똑같이 주어진 24시간 내에 중간·기말고사 준비도 해야 하고, 월말 평가 연습곡도 연습해야 하고, 댄스 트레이닝도 받아야 한다. 친구들을 만날 시간은 도대체 어떻게 내야 할까? "좋아하는 남자친구가 생겨서 수업 시간에 집중도 잘 안 되고, 이번 월말 평가 곡은 특히나 어려운데 기말고사랑 기간까지 겹쳤어." 이런 상황들 속에서 자신과의 싸움은 쉽지 않을 것이다.

'공부는 내 적성에 맞지 않아. 노래나 하고 살고 싶어'라는 마음이라면 꼭 말리고 싶다. 학교 가는 게 매일 즐거운 학생은 없다. 원래 학교라는 곳이 안 가 버릇하면 계속 가기 싫어지는 곳 아니던가.

가수는 공인이다. 공인이 될 사람일수록 자신이 다른 사람들과 다르지 않다는 것을 겸손히 인지하고 남들이 하는 것을 당연한 마음으로 해야 한다. 내면적으로 인간적이고 예의를 갖춘 가수가 매력적이다. 당신이 되어야 할 가수는 이런 가수다.

"TV에서 보니까 아이돌 그룹들은 모두 숙소에서 생활하고 연습하던데요. 그래야 팀워크도 다지고 연습 효율성도 높일 수 있는 거 아닌가요?"

그렇지 않다. 회사는 앞으로 어떻게 될지 모르는 연습생을 위해 모두 숙소를 마련해줄 수는 없다. 숙소는 데뷔를 코앞에 둔 연습생들이 집중도를 높이기 위해서 사용할 수 있는 곳이다. 지방에 사는 연습생들은 대부분 서울이나 서울 근교의 친척집에 머물며 지내고 있다. 당연히 학교도 사는 곳 근처로 전학해서 연습에 지장이 없도록 조정하도록 한다.

"전 서울에 친척들도 없고, 저희 집은 절 서울로 보내줄 형편이 되지 않아요. 어떻게 하죠?"라고 묻는 친구들도 있는데 너무 걱정하지는 말자. 각 기획사마다 조금씩 다르지만 내가네트워크의 경우 제휴를 맺은 지역 아카데미를 활용한다.

발탁된 연습생은 해당 지역 아카데미에서 우선적으로 연습하고 무료 레슨도 받을 수 있다. 그곳에서 꾸준히 연습하며 정기적으로 자신의 실력을 담은 영상을 본사 트레이닝 담당자에게 보내면, 캐스팅 담당자가 본사 연습생과 같은 기준으로 평가를 한다. 실력이 뛰어나고 데뷔 준비를 할 만하다고 판단되면 그때 서울로 올라와 숙소생활을 시작하면 된다.

오디션 지원자들에게 가장 많이 듣는 질문이지만, 아쉽게도 정답이 없다. 각자의 실력에 따라 천차만별이다. 보통 2~3년 정도라고들 하는데, 어떤 연습생은 기본기가 뛰어나 몇 달 만에 데뷔하기도 하고, 실력이 잘 늘지 않는 친구들은 5년 이상 연습생만 하기도 한다.

때로는 어느 정도의 운으로 데뷔 시기가 결정되기도 한다. 앨범 작업이 거의 마무리되고 데뷔를 코앞에 둔 상태에서 한 멤버가 이탈하거나 자격 미달이라고 판단되면 연습 기간이 짧지만 팀 색깔에 맞는 다른 연습생으로 재빨리 교체해 데뷔시키기도 한다. 기존 아이돌 그룹 중에서도 이렇게 데뷔한 친구들이 있다.

그런데 이렇게 파격적으로 데뷔하는 연습생들의 경우 공통점이 있다. 연습생마다 흡수력이나 기본기가 모두 다르기 때문에 어떤 친구들은 천천히 완만한 곡선을 그리며 실력이 성장하기도 하고, 어떤 친구들은 남들이 3년 배운 것들을 두어 달 만에 해내기도 한다. 빨리 데뷔했다고 해서 100퍼센트 운이 좋아서라고 말할 수는 없다. 회사가 판단하기에 딱 '준비된 연습생'인 것이다.

그래서 연습생 생활이 더 어려울지 모르겠다. 고3 수험생들은 1년이라는 구체적인 시기가 정해져 있으니 아무리 힘들어도 달력에 체크해가며 위안을 얻기라도 하지만 연습생들은 도대체 이 고된 생활이 언제 끝날지 알 수조차 없으니 말이다. 그렇기 때문에 더더욱 '연습생이 됐으니 이제 다 되겠지' 하는 마음은 금물이다.

'언제쯤 데뷔할 수 있을까, 얼른 가수가 되고 싶어' 하는 욕심보다는 꾸준한 마음가짐과 끊임없는 노력. 그것만이 연습생 생활을 단축시킬 수 있는 노하우다.

1등 연습생은 무엇이 다른가요?

연습생을 시작해서 3개월까지는 전부 비슷하다. 전문적으로 트레이닝을 받은 기간도 그리 길지 않으니 실력도 크게 차이가 나지 않는다. 또한 연습생이 되었다는 기쁨으로 모두들 열심히 연습한다. 문제는 3개월 뒤다. 기획사들의 연습 스케줄은 상당히 빡빡하고 규칙적이다. 학교가 끝나고 6시부터 시작해 밤 10~11시까지 레슨이 이어진다.

이런 시간이 3개월 이상 지속되다 보면 지칠 수밖에 없다. 스무 살이 넘은 어른도 쉽지 않은데, 초등학생이나 중학생들에게는 얼마나 힘들까. 그럼 여기서부터 슬슬 포기하고 처지는 친구들이 생기기 시작한다. 연습생 생활은 처음 생각했던 것만큼 녹록하지 않지, 데뷔는 언제 하게 될지 까마득하지, 트레이닝

시간에는 자꾸 단점만 지적 받지, 몸도 지치고 마음도 지친다. 이런 일이 반복되다 보면 연습을 해도 실력이 안 느니 가수 될 소질이 없는 건 아닐까 하는 생각도 한다.

그러면서 도태되고 포기하는 것이다. 지금 생각해도 안타까운 연습생이 있다. 상당히 춤을 잘 추는 친구였는데 오디션에서 아주 높은 점수를 받고 연습생으로 합격했다. 그런데 워낙 춤에 자신이 있다 보니 다른 연습을 소홀히 하는 것이다. 함께 들어온 친구들이 부족한 만큼 춤 연습을 열심히 한 결과, 그 친구와 다른 연습생들의 춤 실력이 비슷해져버렸다. 게다가 다른 친구들은 노래 연습도 열심히 했으니, 그 친구는 다른 친구들에 비해 훨씬 뒤떨어지기 시작했고 결국 가수의 길을 포기하게 되었다.

좋은 가수가 좋은 노래와 목소리로 대중의 마음을 움직이는 사람이라고 한다면, 좋은 연습생이란 긴 호흡을 갖고 자기 페이스를 꾸준히 잘 조절하는 사람이라고 할 수 있다. 너무 열의가 많아서 목소리가 쉬고 쓰러지도록 연습을 하는 것도 좋지 않고 스스로 잘한다는 착각에 빠져 연습을 게을리하는 것도 나쁘다. 하루아침에 끝나는 싸움이 아니다. 연습생 생활은 장기전이라고 생각하고 자기관리를 잘해나가는 연습생이야말로 1등 연습생이다.

연습생마다 연습 시간과 내용이 모두 다르다. 갖고 있는 역량에 따라 스케줄이 달라지며, 바로 데뷔하는 팀으로 들어가는 연습생인지, 아니면 조금 더 연습을 시키며 두고 볼 연습생인지에 따라서도 달라진다.

공통적으로는 일요일을 제외한 6일은 연습한다고 생각하면 된다. 앞서 말했듯이 특별한 트레이닝 스케줄이 있거나 데뷔가 임박한 연습생이 아니라면 학교 정규 수업을 모두 마치고 회사로 출근하는 게 원칙이다. 데뷔가 코앞에 있다고 하더라도 1교시만이라도 마치고 오게 한다.

성인, 그러니까 스무 살 이상의 연습생은 오전 10시까지 회사에 출근해 중고교 연습생들이 회사에 출근하는 오후 6시까지 개인 연습을 한다. 밤 10시까지 이어지는 저녁 시간의 레슨은 성인이나 중고등학생 모두에게 똑같이 적용된다. 숫자로는 중고등학생이 더 많긴 하지만 연습량이나 열심히 하는 정도는 성인 연습생이 더하다. 상대적으로 습득력이 떨어지고 나이가 많다는 약점을 본인들이 잘 알고 있기 때문일 것이다.

레슨은 오후 6시부터 두 시간씩 하루 두 번을 받는데, 레슨 과목은 댄스 기초, 댄스 심화, 보컬 기초, 보컬 심화, 랩, 녹음으로 이루어진다.

댄스 기초 레슨은 말 그대로 춤을 한 번도 제대로 접하지 않은, 그야말로 몸치 수준의 연습생들이 받는 레슨으로 힙합 기초 스텝을 익히고 몸으로 리듬과 박자를 타는 기본사항을 배운다.

어느 정도의 동작과 안무를 소화할 수 있는 연습생들은 기초 레슨을 생략하고 바로 댄스 심화 과정으로 넘어간다. 이 과정에서 기량에 따라 짧게는 여덟 마디부터 길게는 한 곡을 안무로 표현하는 방법을 익힌다.

보컬 기초는 댄스와는 달리 아무리 노래를 잘하는 연습생이라도 한 달은 받아야 하는 레슨이다. 목을 상하게 하는 잘못된 습관들을 교정하고, 발성과 호흡, 음감을 익히는 보컬 기본 레슨이라 할 수 있다. 보컬 기초 레슨을 통해 노래 한 곡 이상을 무리 없이 소화할 수 있는 수준이 된다면 보컬 심화 과정으로 넘어간다. 이 레슨에서는 노래를 더 아름답게 표현하는 데 중점을 맞춰 기교와 감정 전달법을 가르친다.

랩 레슨은 랩에 재능이 있는 연습생을 대상으로 이루어지며 랩 가사를 직접 쓰고 정확한 발음과 리듬을 표현하는 개성 강한 래퍼가 되기까지 집중 교육을 실시한다.

녹음은 모든 연습생들이 받을 수 있는 레슨은 아니다. 노래와 랩 실력이 프로에 가까워졌다고 판단될 때 시범적으로 녹음을 해보는 경우도 있고, 데뷔를 앞두고 매주 또는 매월 다른 곡으로 녹음하는 경우도 있다. 레코딩을 했을 때 얼마나 매력적이고 수준급의 목소리로 들리는지 판단할 수 있기 때문에 녹음을 하고 들어보는 과정에서 실력이 부쩍 는다. 그런 만큼 부족한 부분도 생생하게 보이므로 연습생들이 가장 긴장하고 어려워하는 레슨이기도 하다.

모든 레슨이 끝나면 밤 10시. 이때 퇴근을 하면 연습생들은 11시, 늦으면 12시가 되어서야 귀가한다. 학생들의 경우, 오전 8시 30분부터 오후 4시, 오후 6시부터 밤 10시. 이렇게 하루에 두 번 학교를 다닌다고 생각하면 되고, 스무 살이 넘은 경우에는 오전 10시부터 오후 10시까지 하루 12시간을 회사에서 일한다고 생각하면 된다.

그렇다고 마음껏 잠자고 자유를 누릴 수 있는 주말이 있는 것도 아니다. 토요일도 평일과 똑같다. 모든 연습생이 오전 10시까지 출근해 저녁 6시까지 개인 연습을 하고, 평일과 똑같이 두 시간 간격으로 레슨을 받아야 한다. 일요일에는 공식 레슨은 없지만 거의 대부분의 연습생들이 나와서 하루 종일 연습을 한다. 부족한 실력을 채워나가기 위한 방법은 연습과 노력이라는 것을 너무나도 잘 알고 있기 때문이다.

연습생 생활은 태릉선수촌과 같다고 생각하면 된다. 체력적으로 정신적으로 견디기 힘들 만큼 고통스러운데 발전하는 모습이 눈으로 확연하게 보이지 않는다. 그럼에도 금메달리스트가 되기 위해 치열한 경쟁과 자기와의 싸움을 한다.

이런 생활을 견딜 각오가 되어 있지 않다면 가수의 꿈은 일찌감치 버리는 게 낫다.

연습 스케줄

시간	월	화	화	화	수	목	목	금	금	토	토
	전체	A	B	C	전체	A	B, C	A, B	C	A, B	C
09:00~10:00											
10:00~11:00	운동	운동			운동	운동		운동		자율 연습	
11:00~12:00	영어회화	영어회화			영어회화	영어회화		영어회화			
12:00~1:00	점심식사	점심식사			점심식사	점심식사		점심식사		점심식사	
1:00~2:00	랩 레슨	기타 레슨	안무 연습		랩 레슨	기타 레슨	안무 연습	랩 레슨		자율 연습	개인 랩 레슨
2:00~3:00		보컬 연습				보컬 연습					
3:00~4:00	저녁식사	안무 연습			안무 연습	안무 연습		이동	보컬 연습		랩 복습
4:00~5:00		저녁식사				저녁식사		저녁식사	개인 랩 레슨	기본 랩 레슨	
5:00~6:00	저녁식사	보컬 연습		개인 랩 레슨	저녁식사	보컬 연습		보컬 연습		저녁식사	
6:00~7:00	체크 준비	안무 연습			보컬 연습	안무 연습			보컬 연습	자율연습	
7:00~8:00	주간 체크	보컬 연습				이동					
8:00~9:00	안무 레슨 (연습실)	주간 체크			안무 레슨 (연습실)	기본 랩 레슨		주간 체크		안무 레슨 (연습실)	
9:00~10:00											
10:00~11:00					주간 체크	주간 체크				주간 체크	
11:00~12:00											

학교에 담임선생님이 있듯 기획사에서는 연습 스케줄을 관리하고 인성, 태도 등 모든 부분을 케어해주는 담당 스태프가 붙는다. 담임선생님이 단순히 성적만 관리하고 조회 종례만 하지 않는 것처럼, 담당 스태프 역시 연습생을 통솔하며 생활 전반을 유심히 지켜보고 무슨 문제는 없는지 슬럼프에 빠진 건 아닌지 연습에 어려움이 있는 건 아닌지 체크한다. 연습생도 담당 스태프에게 마음을 열고 건강 문제나 가정 문제 등 모든 것을 상의하며 연습생 생활을 이어나간다.

그렇다고 연습생 한 명당 스태프가 1대 1로 붙는 건 아니다. 보통 팀으로 한 명의 스태프가 여러 명을 관리하게 된다. 따

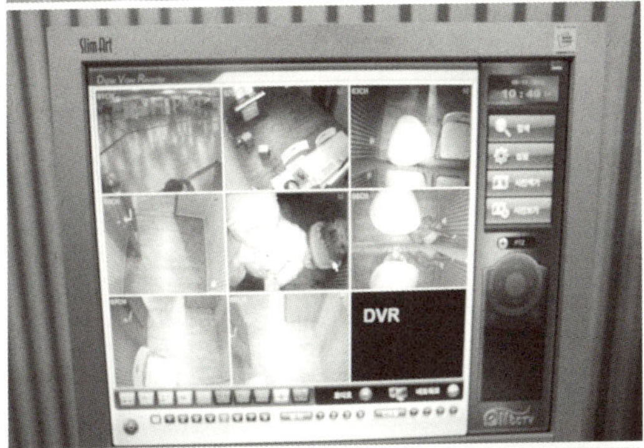

_내가네트워크 연습실

라서 아주 세심한 관리나 개인 트레이닝을 바라서는 안 된다.

담당 스태프는 연습생 관리만 몇 년씩 해온 베테랑이기 때문에 스태프와의 관계 형성은 매우 중요하다. 회사에서 신인 프로젝트를 기획할 때 담당 스태프의 입김이 상당히 많이 작용한다. 회사에서는 어떤 연습생을 가수로 데뷔시킬지를 고민할 때 담당 스태프에게 의견을 먼저 물을 수밖에 없다. 가장 가까이에서 연습생을 관리하고 지켜봐온 사람으로서 누가 제일 열심히 하는지, 누가 가장 발전 속도가 빠른지, 가능성 여부를 제일 먼저 판단할 수 있기 때문이다.

담임선생님은 모범생을 좋아한다. 말썽을 부린다거나 공부를 열심히 하지 않는 학생에게 좋은 점수를 줄 수 없다. 그렇다고 혼자 자기만의 세계에 빠져 친구들과 어울리지 못하는 학생을 좋아할 리 없고, 솔직하지 못하고 진심을 감추는 학생들에게는 제대로 도움을 주기 힘들다.

담당 스태프는 연습생의 첫 팬이기도 하다. 연습생의 노래를 제일 가까이에서 듣고 연습하는 순간순간을 바라봐주고 함께 해주는 사람이다. 가수 데뷔의 꿈을 이루어나가는 힘겨운 시간들을 누구와 함께 견뎌나갈 것인가. 바로 담당 스태프와의 관계에서 시작된다.

앞서 말했듯이 다이어트는 필수조건이다. 건강에 해로울 정도의 무리한 다이어트는 문제가 있지만 매력적으로 보일 수 있을 만큼은 살을 뺄 수 있어야 한다. 연예인은 대중으로부터 부러움과 선망의 대상이 되어야 한다. 마르고 날씬한 게 좋다, 나쁘다를 떠나서 대중에게 '매력적이다'라고 느껴질 만큼의 육체적인 기준은 갖춰야만 그들에게 어필할 수 있다.

성형수술은 기획사에서 권장하는 사항이 아니다. 고등학생 연습생이었던 J는 지금 생각해도 무척 안타까운 경우다. J는 예쁜 얼굴은 아니지만 한눈에 기억되는 개성 있는 외모를 갖고 있었다. 하지만 그는 자신의 얼굴형이 각지고 턱이 도드라진 것에 콤플렉스가 있었다. 특히 계란형의 다른 연습생들과 자신의 얼굴을 비교하며 위축되었고 자신감도 잃어갔다. 그러더니 데뷔가 아직 결정되지 않은 상태에서 기획사와 상의도 하지 않고 턱을 교정하는 큰 수술을 받은 것이다. 그리고 흔히들 하는 말로, '하는 김'에 쌍꺼풀과 코 수술도 강행했다.

J가 수술에서 회복되는 6개월여 동안 회사에서는 신인 프로젝트 결성을 결정했고, 실력으로 거의 우선시됐던 J는 그만 프로젝트 기획에서 빠지고 말았다. 그렇게 꿈꾸던 가수 데뷔를 성형 수술 때문에 놓치게 된 것이다.

물론 외모 콤플렉스는 누구나 한두 가지씩은 있다. 하지만 그 콤플렉스가 자기 자신의 마음가짐에서 온 것인지 남들에게 정말 흉해 보이는 것인지는 객관적으로 판단할 수 있어야 한다. J는 수술 후 객관적으로는 예뻐졌다. 갸름한 턱선에 눈도 크고 선명해 보인다. 하지만 중성적이고 카리스마 있던 J의 목소리와는 잘 어울리지 않는 그냥 예쁘장한 얼굴이 되어버렸다. 결국 J는 가수가 될 기회도 놓치고 자신의 개성까지 잃어버린 것이다.

그럼에도 성형이 필요하다고 절실하게 생각한다면 해도 좋다. 단, 다음의 세 가지가 만족돼야 한다. 첫째, 부모님의 허락과 성형 비용을 충분히 부담할 수 있는 경제적인 여유. 둘째, 만

17세 이상의 나이. 뼈와 얼굴은 나이에 따라 성장하고 성숙하기 때문에 그보다 어린 나이에 하면 잘못된 결과를 초래할 수 있다. 셋째, 후회하지 않을 자신이 있을 것. 성형은 연필로 그림을 그렸다가 지우개로 지울 수 있는 간단한 일이 아니다. 성형중독이라는 말은 괜히 나온 게 아니다. 한 부분을 성형하면 다른 부분이 어색해 보이고 그 부분도 고치면 뭔가 더 고쳐야 완벽해질 것 같다. 성형수술에 대한 두려움도 점점 없어지면서 외모에 대한 강박이 심해지는 것이다.

가수에게 중요한 건 외모가 아니라 노래다. 성형수술은 매우 위험한 일이니 반드시 신중한 결정과 선택을 하기 바란다.

오디션에 최종 합격했다는 소식을 전하는데, "저, 제가 사실 여기 말고 다른 곳에서도 오디션을 봤는데요, 합격했다고 해서 어디를 갈까 고민 중이에요" 하는 지원자들이 종종 있다. 이런 지원자는 바로 '아웃'이다.

기획사는 소신 있는 지원자를 좋아한다. "제가 내가네트워크에 지원한 이유는 추구하는 음악 색깔과 역량이 저와 잘 맞기 때문입니다."라고 분명히 말할 수 있는 준비된 연습생을 뽑고 싶어 한다. 자신의 실력만 믿고 여기저기 기획사를 재며 기웃거리는 지원자들에게는 신뢰가 가지 않는다.

연습생 중에도 "○○기획사에서 연락이 왔어요." 하며 담당 스태프에게 속마음을 털어놓는 친구들도 있는데 우리는 냉정하게 잊으라고 한다. 몇 가지 더 좋은 조건을 내세운 듯하지만 사실은 사탕발림에 불과하다. 연예계는 생각보다 좁다. 더 좋은 회사가 러브콜을 해온다고 당장 옮긴다면 소문은 금세 퍼지게 마련이다. 이런 소문은 가수가 되어도 꼬리표처럼 당신을 따라다닌다. 옮긴 기획사에서 문제가 생겨 계약이 파기된다면 당신과 다시 계약할 기획사는 없다. 당신은 언제든 더 좋은 조건이라면 다른 회사로 당장 옮길 수 있는 사람이기 때문이다. 이런 이미지는 기획사 사이에서뿐만 아니라 대중들에게도 번져나간다.

기획사는 당신의 가능성만 믿고 당신에게 투자를 했다. 그런데 다른 기획사로 옮길 경우 그 손해는 고스란히 기획사가 떠안아야 한다. 팀으로 데뷔를 하려고 준비하던 경우라면 한 명의 이탈로 프로젝트에 큰 차질을 빚을 수밖에 없다.

기획사가 연습생을 선발하고 계약을 맺는 순간부터 둘은 강한 믿음과 신뢰로 묶여야 한다. 기획사는 연습생의 재능을 최대한 발굴하고 트레이닝을 해야 하며 연습생은 기획사를 믿고 최선을 다해 연습하고 실력을 향상시켜야 한다. 비록 그 시간이 고되고 오래 걸리더라도 말이다.

우리는 **이런 연습생**을 원한다

TS엔터테인먼트

신인개발팀 실장 **신영균**

2012년에 데뷔한 6인조 남성그룹 B.A.P는 앨범이 발매되자마자 폭풍적인 인기를 얻었다. 데뷔하자마자 리더 방용국이 〈2011 올케이팝 어워즈〉에서 'Best Hip Hop Artist' 부문을 수상하고, 데뷔 앨범 〈Warrior〉는 빌보드 앨범 출시 한 달도 안 되어 세계 앨범 차트에서 10위를 했으니 그들의 노래 제목대로 B.A.P.는 '대박사건'이다.

그런데 이렇게 짧은 시간에 인기를 얻은 이면에는 그들이 오디션 과정에서부터 철저하게 연습하고 준비해서 실력을 보여줬다는 데 있었다. 신인 오디션을 보면 종종 지원자들이 아무것도 보여주지 않으면서 예쁘장하고 잘생긴 얼굴만 믿고 "오디션에 합격하면 정말 열심히 하겠습니다.", "노래와 댄스는 회사에서 다 가르쳐주지 않나요?" 할 때가 있다.

이런 지원자들의 공통점은 꿈에 대한 열정 같은 것이 잘 보이지 않는다는 것이다. "나도 연예인이나 한번 해볼까?", "나 정도면 되겠지?" 하는 마음으로 오디션에 임하고 있다는 게 느껴진다.

신인개발 실장으로서 오디션장에서 누구를 합격시키고 누구를 떨어뜨리느냐는 한 사람의 인생을 좌우하는 중요한 선택이다. 음악이 있어 행복할 수 있다는 것과 음악으로 돈을 버는 것은 다른 일이다. 미디어를 통해 보고 듣는 아티스트들의 화려한 겉모습만 보고 헛꿈을 꾸는 지원자를 뽑았다가는 얼마 지나지 않아 고된 연습생 생활에 지쳐 나가떨어질 테고 그렇게 소모된 개인의 시간은 어디서도 보상받을 수 없다. 그 시간에 학교에서 친구들과 어울리며 열심히 수업을 듣는 게 훨씬 낫다. 오디션을 통해 연습생이 되고 싶다면 무조건 실력을 보여줘라. 당신을 뽑아야만 하는 이유를 구체적으로 보여줘야 신인개발 팀이 즐겁게 선택을 할 수 있다.

기획사 오디션에서 지원자가 더 적극적이어야 한다면, 현 장 캐스팅은 신인개발팀에서 좀 더 적극적으로 움직이는 편이 다. 신인개발팀이 학교 축제나 지역 축제, 뮤직과 댄스 관련 아 마추어 공연장을 돌아다니며 자질이 보이는 사람들에게 오디 션을 제안하는 형식이다. 이중에는 전문 가수를 꿈꾸는 사람들 도 있지만 그저 음악을 취미로 즐기다가 우리의 제안을 받고 연 예계 쪽으로 방향을 바꾸는 사람도 있다. 이렇게 캐스팅된 사람 들은 신인개발팀에서 어느 정도의 실력을 확인한 것이므로 자 신감을 갖고 2차 오디션을 준비해도 좋다.

또 다른 현장 캐스팅은 길거리 캐스팅이다. 강남이나 홍 대, 명동 등 번화가를 돌아다니며 인재를 발굴하는 방법인데 요즘은 SNS, 오디션 프로그램 등의 활성화로 많이 축소되긴 했다. 길거리 캐스팅을 할 때는 무조건 외모를 본다. 흔히 후광이 비친다고 할 정도로 뛰어난 외모, 개성 있고 스타일리시한 외모, 몸과 얼굴의 비율이 좋은 외모의 소유자를 선호하는데 이때는 재능이나 실력은 전혀 볼 수 없기 때문에 우선 캐스팅한 뒤에 2~3개월의 트레이닝을 통해 발전 가능성을 본다. 물론 트레이닝비는 무료다.

당연한 말이지만 얼굴만 예쁘다고 연예인이 될 순 없다. 3개월, 아니 1년을 연기 레슨을 가르쳐도 대사 소화가 안 되고 수줍음이 많아 다른 사람 앞에서 연기 자체를 못하는 경우도 있다. 타고난 끼, 명확한 목표, 탄탄한 기본기는 연예인을 꿈꾸는 사람들이 꼭 갖춰야 할 것들이다.

그런 당신을 발굴하여 체계적인 트레이닝을 통해 재능과 잠재력을 무한하게 펼치도록 하는 게 그 다음 우리 몫이다.

Track 7

리틀즈가 공개하는

가수 데뷔 6가지 법칙

NEGANETWO
Brand New S

리틀즈 Littles

트렌디한 음악성과 탄탄한 기획력으로 항상 대중들의 귀를 즐겁게 해주는 내
가네트워크에서 처음으로 선보인 소녀 그룹, '리틀즈'. 2011년 〈MBC 위대한
탄생2〉에서 절대음감 소녀로 탈락 순간까지 윤일상 멘토의 끝임없는 감탄을 자
아냈던 '신예림'과 천부적인 음악성을 지닌 '송한희', '김하은'으로 구성된 리틀
즈는 어려도 실력으로 승부하는 보컬리스트 그룹이다.

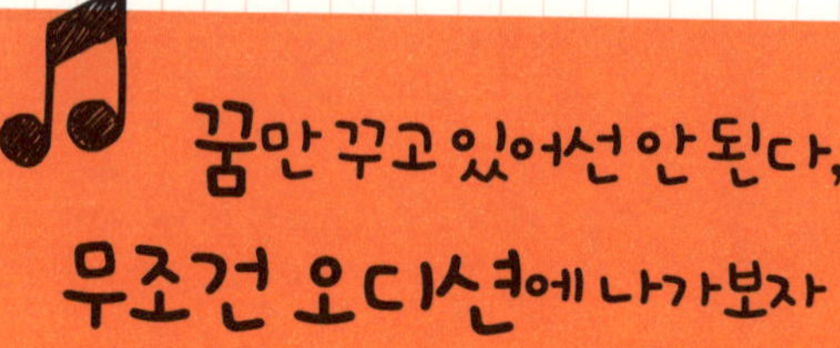

네 번의 오디션,
노력 끝에 얻어낸 소중한 나의 꿈!
-김하은 이야기

내 나이 열네 살, 평범한 중학교 학생이다. 그리고 가수 데뷔를 준비하는 2년차 연습생이다. 가수 보아가 초등학교 5학년 때부터 연습생이었으니 난 그보다 1년 늦은 것인데도, 주변에서는 항상 "어린 나이에 벌써부터 가수 준비한다고?", "나이도 어린데 힘들지 않니?" 하며 걱정 반, 놀람 반이다.

친구들은 처음에 무척 신기해했다. 우리 반도 친구들의 반이 연예인을 꿈꾸는 만큼 "어떻게 하면 가수가 될 수 있어?", "넌 어떻게 연습생이 된 거야, 나도 소개 좀 시켜주면 안 돼?" 하고 물어온다.

고백하기 부끄럽지만 어려서부터 줄곧 가수가 되기를 꿈꾼 건 아니었다. 노래 부르는 걸 좋아하고 곧잘 부른다는 소리

도 들었지만 '내가 남들에 비해 특출하게 잘 부르는 건 아닐 거
야, 정말 천재적으로 잘하는 사람만 가수가 되는 게 아닐까'라
고 생각했다. 그런데 기회는 우연히 찾아왔다. 초등학교 5학년
때 친구가 오디션을 함께 보러 가자고 조른 것이다.

나는 아직도 첫 오디션 현장을 생생하게 기억한다. 생전 처
음 보는 사람들이 무뚝뚝한 표정으로 나를 지켜보고 있었다. 긴
장되고 떨렸냐고? 아니, 너무 흥분되고 즐거웠다. 말로 잘 설명
할 수 없는 그 즐거움에 난생 처음 심장이 이상하게 쿵쾅거렸다.
하지만 첫 오디션의 결과는 탈락이었다. 당연한 결과였다.
경험 삼아 장난삼아 가본 것이니 준비랄 것도 없었다. 그런데
그날 밤 집에 가서 누워 있노라니 심장이 쿵쾅거리던 그 기억
때문에 잠을 이룰 수가 없었다. '어떡하지, 다른 사람들 앞에서
또 노래를 부르고 싶어, 카메라에 담긴 내 목소리를 듣고 싶어,
사람들이 내 노래를 들으면서 웃고 즐거워했으면 좋겠어……'

그게 시작이었다. 나는 제대로 오디션을 준비해보겠다
는 구체적인 목표를 잡았다. 다시는 아무런 준비 없이 다른 사
람 앞에 서지 않겠다는 다짐을 하고, 하루 종일 노래를 듣고 가
수들의 무대 영상을 봤다. 그러자 가수들의 노래 부르는 입 모

양, 숨 쉬는 부분, 표정들이 하나둘 보이기 시작했다. 그중에서도 특히 내가 해보고 싶은 창법, 감정이 절절하게 느껴지는 표정, 호흡을 들이쉬고 내쉬는 찰나를 집중적으로 관찰하고 따라 했다. 하루에 서너 시간은 이런 연습을 했다. 그렇게 연습이 몸에 어느 정도 밴 뒤에는 이름을 들어본 기획사에 무작정 이력서를 냈다. 연락이 오지 않아도 실망하지 않았다. '어딘가는 나를 알아봐줄 거야', '난 아직 어리니까 쉽게 포기하지 않아', '아직도 이력서 보낼 기획사가 이렇게 많은걸'. 이런 생각을 하면서 이력서를 넣다 보니 하나도 힘들지 않았다. 이런 노력 끝에 나는 연습생이 되었다. 네 번의 오디션 신청과 네 번의 오디션. 그리고 네 번의 답변 없는 메일과 전화를 견디고 난 뒤 내가 얻어낸 소중한 꿈이다.

주위를 보면 "연예인이 될 거야.", "가수가 되고 싶어."라고 말은 하지만 정작 행동은 하지 않고 인터넷이나 뒤져보고 동영상만 찾아보는 친구들이 많다. 물론 꿈을 꾸는 것도 무척 중요하다. 하지만 정작 다른 사람들, 특히 전문가 앞에, 그리고 무대 위에 서보지 않는다면 그건 단순한 '꿈'에 불과하지 않을까? 나에게 쏟아지는 시선들, 언제든 독설을 날릴 준비가 되어 있는 심사위원들 앞에서 떨지 않고 연습한 대로 노래를 부를 수 있는

지, 오히려 그 시선들 속에서 자유로움과 흥분을 느낄 수 있는 지, 그 생생한 현장감을 즐길 수 있을 만큼 진심으로 노래를 좋아하는지, 내가 정말 가수가 되고 싶은지는 오디션 현장에 서 있어봐야 알 수 있다고 생각한다.

당장 막연한 꿈을 접고 이력서를 쓰자. 좋아하는 가수와 되고 싶은 가수가 소속되어 있는 기획사를 찾아보고, 오디션 프로그램에 응시하는 방법도 찾아보자. 꿈을 이루기 위해서는 좀 더 부지런해져야 한다.

연습생이 되는 순간, 사회생활도 시작된다

**어떤 소문에도 흔들리지 말고,
꿈을 포기하지 않을 것!**

-송한희 이야기

내가 속해 있는 기획사에는 스무 명에 가까운 연습생이 있다. 나보다 짧게는 2~3개월, 많게는 3~4년씩 연습해온 언니 오빠들이다.

연습생이 된 지 얼마 안 돼서 내게 상당히 충격적인 일이 있었다. 연습실에 들어선 순간 깜짝 놀랄 만큼 예쁜 K언니가 있었다. 얼굴도 조막만하고 몸매도 날씬하고 눈코입이 인형 같아서 당장 TV에 나와도 될 것 같은 언니였다. 그리고 한 달 뒤 월말평가 날 여느 때처럼 모든 연습생이 평가를 받고 연습을 끝내려 하는데, 신인개발 팀장님께서 모든 연습생을 앞에 두고 그 언니를 향해 공지를 했다. "앞으로의 발전 가능성이 보이지 않고 성실함과 태도의 문제로 인해 오늘부로 연습을 종료한다."

신인개발팀 팀장님은 연습실에 차가운 한 마디를 남기고는 그 언니를 데리고 나갔다.

그 언니는 월말평가 곡을 지정받으면 항상 "난 이 곡 마음에 안 드는데, 다른 연습생의 곡으로 노래하고 싶은데, 왜 나만 이런 곡이야!" 하며 불평불만을 쏟아냈다고 한다. 또한 곡이 마음에 들지 않는다는 이유로 연습을 열심히 하지 않았다는 것도 연습생 종료의 이유였다.

"가수는 얼굴만 예쁘다고 될 수 없어. 더 중요한 건 인성과 노력이야. 어떤 곡이든 불만을 갖지 말고 먼저 최선을 다해서 연습하는 자세가 필요해. 그런 자세가 없다면 어떤 누구도 성공할 수 없어. 지금 너희들의 실력은 모두 비슷비슷해. 그 상태에서 얼마나 더 노력하느냐에 따라 몇 개월, 몇 년 뒤의 성공 여부가 결정되는 거야. K의 잘못은 단순히 자기 자신에게 주어진 곡이 마음에 든다고 열심히 안 한 것뿐만이 아니야. 똑같은 연습생으로서, 다함께 힘을 모아 연습에 임해야 하는 상황에서 너희들에게 자신의 불만들을 토로하며 분위기를 흐렸어. 너희도 K가 그런 이야기를 할 때면 '그러네, 나도 곡이 맘에 안 드는데, 나도 다른 곡 하고 싶은데……'라는 생각이 들지 않았어? 우리는 그런 연습생을 남겨둘 수가 없어."

팀장님의 말은 냉정하고 정확했다. 맞다, 나 역시도 주어진

연습곡이 마음에 들지 않은 적이 있었다. 내 목소리의 장점이 드러나는 곡도 아니었고 리듬을 맞추기도 상당히 어려운 곡이었다. 이런 곡으로 연습하다가는 월말평가 때 좋은 점수를 받기 어려울 게 뻔해서 사실 다른 곡이면 좋겠다고 내심 생각하고 있었던 것이다.

이 일은 연습생 생활을 시작한 지 얼마 되지 않았던 나에게 어떤 기준을 만들어주었다. 사실 그동안 나는 연습생 언니 오빠들에게 기죽어 있기도 했다. 나에게는 기획사 팀장님들과 트레이너 선생님들이 어렵기만 한데, 언니 오빠들은 친하게 장난도 걸고 한다. 그 모습이 부러웠고, 연습실에서 연습하는 프로 같은 모습도 놀라웠다. 저렇게 잘하는데 왜 데뷔를 아직 안 했을까, 나는 저 언니들만큼 따라 가려면 얼마나 연습을 많이 해야 하는 걸까. 이런 생각에 겁도 났었다.

하지만 내가 누군가, 송한희 아닌가. 어려서부터는 나는 자칭 타칭 '살림꾼'이었다. 웬 살림꾼이냐고? 동네에서 여는 온갖 노래자랑, 장기자랑에서 타온 상품만 해도 다리미, 쌀, 신발, 오븐, 상품권 등 다양하다.

학교 성적은 그리 좋지 않지만 그래도 부반장이야. 운동도 잘하고 활발하니까 친구들이 나를 많이 좋아해주잖아. 노래와 춤을 워낙 좋아하기도 하지만 튀는 것도 좋아해서 학교에서 "누가 노래 불러볼래?"라는 말이 떨어지기도 전에 "저요~!" 하며 가장 먼저 손을 들었잖아. 무대 위에 서는 것도 좋고, 다른 사람들이 나를 보고 있는 것도 좋고, 박수 받는 것도 좋아하잖아. 나는 긍정적인 성격을 가졌고, 다른 사람들과 어울리는 것도 좋아하고 사랑 받는 것도 좋아. 그러니까 나답게 행동해야 해!

이렇게 마음먹으니까 훨씬 마음이 편해졌다. 그 뒤로 회사 스태프들과 팀장님, 트레이너 선생님들을 볼 때마다 쪼르르 달려가서 인사를 한다. 요즘은 이 이야기 저 이야기 하다 보면 너무 길어져 오히려 스태프들을 귀찮게 하는 건 아닌지 걱정도 된다. 연습생 언니 오빠들과도 금세 친해졌다. 함께 춤을 추기도 하고, 같이 밥을 먹기도 하고, 짬짬이 힘든 생활을 이야기하기도 한다.

회사에서 정해준 연습곡들도 긍정적으로 생각하며 열심히 연습했다. 그러다 보니 이 곡을 주신 이유도 언뜻 알 것 같았다. '아, 나에게 부족한 이러저러한 점을 보완하라고 이 곡을 주신 거구나'라는 감탄도 나온다. 내가 네트워크 스태프들이 얼마나 오랫동안 이 일을 해 오신 분들이고, 전문가들인지 새삼 깨닫게 된다. 이런 분들 밑에서 노래를 배우고 있으니 실력도 늘 거고 언젠가 꿈을 이룰 수 있을 거라는 생각에 가슴이 뛴다.

언젠가 나에게 또 힘든 순간이 찾아오리라는 것도 안다. 어느 날 예림 언니가 〈위대한 탄생2〉에 출연한 뒤의 이야기를 들려준 적이 있다. "방송에 나온 지 얼마 안 돼서 나에 대해 안 좋은 소문이 돌기 시작하는 거야. 일진이라더라, 길 가다가 봤는데 짧은 치마 입고 화장하고 다니더라, 같은 학교 다니는데 교무실을 집처럼 드나드는 애다, 이런 덧글들이 달리더라고. 나만 욕하면 괜찮은데 나랑 함께 다니는 친구들도 덩달아 나쁜 애들 취급을 받았어. 처음에는 내가 왜 이런 말을 들어야 하는지 너무 억울했어. 내가 노는 것도 좋아하고 얌전한 성격은 아니지만 그런 이야기 들을 만한 행동을 하고 다닌 적은 없었는데 말이야. 그때 친구들이 많이 위로를 해줬어. 너를 질투하는 거다, 너 혼자 유명해지는 게 아니꼬워서 그런 거다, 너 마음 단단히 먹어야지, 앞으로 가수 되려면 이런 소리 더 많이 들을 거고 아무이유 없이 널 싫어하는 사람들이 생길 수 있는데 벌써부터 상처받으면 어떡하냐, 너 일진 아니지 않냐 등등. 이런 위로를 듣다 보니까 그래, 내가 아니면 됐지 뭐, 신경 안 쓰면 되지 싶더라고. 그리고 앞으로 좋은 소리만 들으려고 행동 더 조심해야지 싶기도 하고."

　　나보다 겨우 한 살 많은 예림 언니의 이야기에 하마터면

눈물을 쏟을 뻔했다. 언니는 내가 아는 사람들 중에서 가장 열심히 하고 성실하고 또 착하고 속이 깊은 사람인데, 그런 소리를 들었으니 얼마나 속상했을까, 내가 만약 그런 소리를 들으면 어땠을까.

언젠가 내게도 견디기 힘든 속상하고 억울한 일이 생길 수 있다. 연습생 생활을 그만두고 싶을지도 모르고, 다른 사람 때문에 위기를 겪을 수도 있다. 하지만 나는 절대 포기하지 않을 것이다. 지금 내게는 예림 언니랑 하은이가 있기 때문이다. 하은이는 나의 소울메이트다. 어떤 때는 언니 같고 어떤 때는 귀여운 동생 같아서 서로 얼굴만 봐도 웃음이 난다. 천재라는 말이 아깝지 않은 예림 언니는 나이는 많지 않아도 존경스럽다. 타고난 매력적인 목소리도 그렇고 연습하는 모습, 잘 가르쳐주는 모습을 보면 많이 배우고 싶다.

"한희, 너는 네 장점이 뭐라고 생각하니?" 얼마 전 신인개발 팀장님이 물었을 때 나는 자신 있게 답했다. "긍정적이고 낙천적인 거요!"

그래서 나는 오늘도 힘을 낸다. 얼른 연습실로 달려가서 밥 든든히 먹고 하은이랑 예림 언니랑 열심히 연습하겠다고!

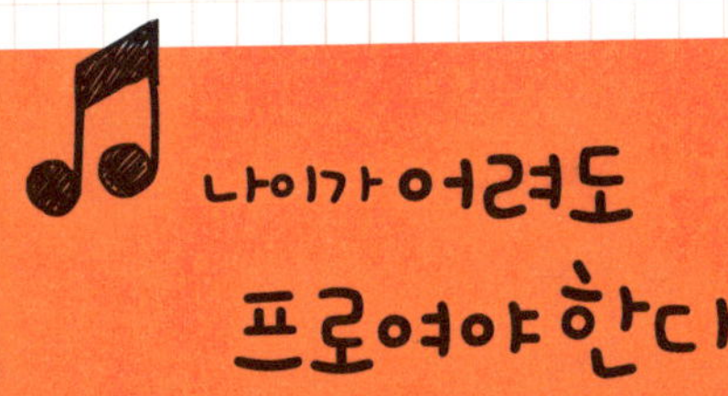

현실에 한 발 먼저 내딛기

−신예림 이야기

포털사이트에 내 이름을 치면 '위대한 탄생'이라는 연관검색어와 함께 내 얼굴이 나온다. 신기하기도 하고 부끄럽기도 하다. 작년 7월부터 지금까지, 내게 도대체 어떤 일이 생긴 걸까. 생각해보면 정신없이 지나간 것도 같고, 너무 많은 일이 생겨서 몇 년이 훌쩍 넘어간 것도 같다. 어쩌면 나는 그 1년 사이에 철이 들어버린 게 아닐까?

2011년 7월부터 12월까지 반 년 동안 〈위대한 탄생2〉 캠프에서 지냈다. 처음에는 오디션에 합격했다는 생각에 마냥 기쁘기만 했다. TV에 나오는 것도 좋았고 브아걸 나르샤 선배님과 김건모 선배님 같은 연예인을 실제로 눈앞에서 보고 이야기를 나누는 건 크리스마스 선물 같은 일이었다. 사람들이 내 노래를 들어주는 것도 좋았고, 노래를 잘 부른다, 절대음감이다, 같은 칭찬을 듣는 것도 좋았다. 사실 그렇게 많이 칭찬을 받은 것도 난생 처음이었다.

TV에 나온다는 게 대단하긴 대단했다. 방송 1회분이 나가자마자 휴대전화에서 불이 나기 시작했다. 초등학교 때 한 반이었다가 이제는 얼굴도 기억 안 나는 친구들이 전화를 해서, "나 알지? 너 방송 나왔더라. 신기하다. 심사위원들은 어때?" 하며 수다를 떨기도 했다. 지하철을 타면 사람들이 휴대전화로 나를 찍었다. 나라는 사람을 알아봐주는 게 고맙기도 했지만 불편하기도 했다. '이제 예전처럼 아무렇게 행동하면 안 되겠구나, 차분하게 조심해서 다녀야겠구나'라는 생각도 들었다.

하지만 가장 힘든 건 따로 있었다. 열네 살, 출연자 중 가장 어린 나이. 태어나서 지금까지 무언가에 이렇게까지 몰입해본 적이 없었다. 크리스티나 아길레라Christina Aguilera의 노래를 준비했을 때도 전날 밤을 새워가며 연습을 했는데 오히려 그게 독이 된 건지 그날 내게 떨어진 평가는 '연습을 게을리한 건 아니냐', '가능성에 의심을 품는다', '거만해진 것 같다'였다.

내게 기회를 준 심사위원들님께 죄송한 마음도 들고 부끄

러웠다. 그리고 처음에는 나한테 가능성 있다고 웃으면서 칭찬하던 분들이 어떻게 인상을 확 바꾸고 이런 평가를 내리는 건지 서럽기도 했다. 그러나 내가 미처 몰랐던 사실이 있었다. 어리다고, 그래서 발전할 가능성이 많다고 해도 나는 프로여야 했다. 그 자리에서 내 모든 가능성을 내보이고 냉정하게 평가받아야 했다. 그리고 그 뒤에 떨어지는 어떤 무서운 독설도 겸허히 받아들여야 했다. 다른 사람의 기대에 부응해야 한다는 부담감과 오디션에서 언제 어떻게 떨어질지 모른다는 압박감이 계속 나를 따라다녔다.

그리고 외로움……. 6개월 동안 캠프에서 서경 언니와 단둘이 지내야 했다. 그 시간 동안 나는 이 세상에 홀로 살아남아야 한다는 것을 막연히 깨달은 것 같다. 늦잠을 자도 깨워줄 사람이 없었다. 밥도 알아서 챙겨 먹어야 했고, TV도 친구도 없었다. 쉬는 시간이 주어져도 딱히 할 일이 없어서 숙소에서 노래 연습만 할 뿐이었다.

'멘토스쿨' 중간평가에서 떨어졌을 때는 정말 아쉬웠다. 아마도 그날 나는 평생 흘릴 눈물을 다 흘린 것 같다. 그런데 이상하게 마음이 가볍고 홀가분했다. 어쩌면 그때 난 뭔가 준비가 덜 된 건 아니었을까. 시종일관 나를 좇아다니던 카메라들과

Top12에 들어야 한다는 강박 같은 것에서 정말 노래를 부르고 싶다는 순수한 마음이 사라져버렸던 게 아닐까.

어려서부터 노래란 나에게 특별한 의미였다. 엄마의 부재, 사랑하는 사람과 함께 있을 수 없을 때 나는 노래를 불렀다. 노래를 부르고 있으면 더없이 행복했다. 학교에서 선생님께 꾸중을 들은 날에도, 갑자기 곁에 아무도 없이 외롭게 느껴지는 날에도, 비가 내릴 듯 잔뜩 구겨진 하늘 아래서도, 노래를 부르고 있노라면 마음이 더없이 편안해졌다. 옆에서 시끄럽게 말하는 소리도 들리지 않고, 마음의 근심도 다 사라져버리고 그저 노래 그 자체에 빠지는 것만 같았다.

〈위대한 탄생2〉가 끝나고 나서야 내가 왜 가수가 되고 싶은지를 깨닫게 되었다. 좋아하는 노래를 평생 즐겨 부르면서 누군가에게 나의 노래, 나의 목소리로 감동과 기쁨을 전해주고 싶어서였다.

알다시피 나는 연습생 중에서도 시작이 조금 다르다. 방송과 카메라들, 포털사이트 기사에 오르내리는 내 이름, 전 국민 앞에서 신랄하고 냉혹하게 실력에 대한 평가 받기, 공개 오디션에 붙자마자 시작되는 경쟁들……. 내가 1년 동안 좀 더 철들 수 있었던 이유는 어쩌면 가수가 되기 위한 첫걸음, 진정한 현실에 조금 일찍 발 디뎠기 때문일지 모르겠다.

때로는 겁도 난다. 잘할 수 있을까, 내가 약해지는 순간이 오면 어떡하지, 외로워지면 어떻게 하지, 이런 생각에 잠을 못 이룰 때도 있다. 가수를 꿈꾼다면 누구나 겪어야 하는 '현실'이고 또 견뎌나가야 하는 부분일 것이다. 그럴 때마다 생각한다. 내게는 소중한 연습생 동생들과 〈위대한 탄생2〉 때부터 함께 해준 윤일상 멘토님이 있다. 그리고 무엇보다 나를 세상에서 가장 행복하게 만드는 노래가 있다.

그러니까 잊지 말자. 앞으로 내가 걸어가야 할 길들 속에서 부딪히게 될 냉정한 현실들은 내가 좋아서, 남들보다 조금 더 미리 걷겠다고 선택한 것임을. 그러니까 가수가 되고 싶다면 우리의 선택에 대해 훨씬 더 많은 책임감을 가져야 한다는 것을.

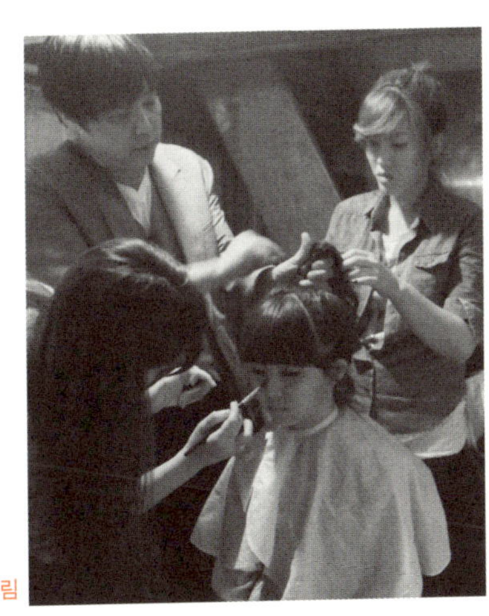

_메이크업을 하고 있는 신예림

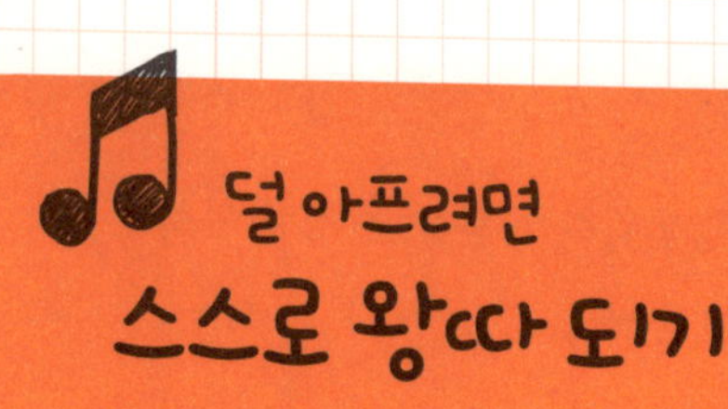

세상에서 가장 힘든 일,
같은 꿈을 꾸는 친구와 헤어지기

-김하은 이야기

그날은 마침 한희가 아파서 월말평가에 나오지 못한 날이었다. 회사 분들과 카메라 앞에서 각자 연습해온 곡을 노래하고 평가를 기다렸다. 월말평가에서는 지난달보다 더 좋아진 점, 부족한 점, 더 연습해야 할 부분들을 솔직하게 이야기해주신다. 그리고 모두가 무서워하는 시간, 더 이상 기량이 늘지 않아서 연습생을 종료할 수밖에 없는 언니 오빠들의 이름을 부르는 시간이 다가왔다.

"이현진, 김시진, 서종희, 이상은 연습 종료다."

순간 나는 내 귀를 의심했다. 시진이는 나랑 동갑인 친구다. 나랑 같은 시기에 연습생으로 들어왔으니 1년 정도 함께 생활했을 것이다. 그런데 시진이를 더 이상 볼 수 없다니.

시진이와는 학교 이야기도 하고, 미래에 어떤 가수가 되고 싶은지도 이야기하면서 서로를 격려했다. 얼마 전 시진이는 좋아하는 2PM 오빠들과 녹음실에서 우연히 마주친 이후 잠을 못 이뤘다고 한참 동안 자랑을 하곤 했다. 댄스 가수가 되고 싶어한 시진이는 연습도 안 빠지고 보컬 트레이닝도 열심히 받았다. 그런데 얼마 전부터 몸이 생각대로 잘 움직여지지 않고 리듬 타기가 힘들다는 고민을 털어놓으며 연습을 몇 번 빠진 적이 있었는데, 회사 분들이 냉정하게 이 상황을, 시진이의 능력을 판단한 것 같다. 가슴이 너무 아파서 눈물이 자꾸만 나왔다. 나는 내심 우리는 아직 어리니까 가끔 연습을 빠지고 열심히 안 해도 봐줄 거라고 생각했나 보다. 시진이가 연습 종료되었다는 게 실감이 안 나서 시진이를 붙잡고 한참을 울었다.

시진이는 이 상황을 의연하게 받아들였다. 되레 울고 있는 나에게 "괜찮아, 울지 마, 하은아." 하고 담담하게 말하는데 나는 그게 더 눈물이 났다. 문자메시지로 이 소식을 들은 한희도 함께 울었다. 우리의 우는 모습을 본 매니저 언니가 우리 손을 꼭 붙잡고 이야기했다.

"앞으로 이렇게 연습생들과 헤어질 일들이 얼마나 많겠어. 이럴 때일수록 더 마음 단단히 먹고 연습해야지. 시진이는 이번 계기를 통해서 자기 꿈을 돌아볼 수도 있고, 자신이 더 잘하는 걸 찾을 수 있고, 아니면 다른 회사에 가서 더 열심히 할 수도 있어. 그러면 언젠가 너희는 한 무대에서 가수로 다시 만날 수 있을 거야." 매니저 언니의 말을 듣고 '그래, 시진이는 정말 춤을 잘 추고 노래도 많이 좋아졌으니까 함께하지 못해도 꿈을 이룰 수 있을 거야. 시진이는 그곳에서, 나는 이곳에서 최선을 다해서 연습하면 돼. 포기하지만 않으면 돼.'라고 생각하니 마음이 한결 편해졌다.

연습생으로 생활하면서 매일 깨닫는 것들이 있다. 처음 우리가 연습생으로 선발될 때는 우리가 가진 가능성으로 평가된다. 앞으로 몇 달, 몇 년의 트레이닝을 통해 얼마나 발전할 수 있는가, 얼마나 성실하게 꾸준하게 견디느냐, 잠깐 빛날 기량이냐 아니면 평생을 반짝일 수 있는 기량이 있느냐가 기준일 것이다. 그런데 연습생으로서의 생활이 오래될수록 점점 더 우리는 실력으로 평가된다. 연습생이니까, 아직 얼마 안 됐으니까, 나이가 어리니까, 이런 기준으로 봐주는 사람은 아무도 없다. 오히려 가능성이 없으면 얼른 포기하고 다른 꿈을 찾는 게 낫다고 회사에서는 말한다. 그러니까 우리는 매달 조금씩이라도 나아져야 하는, 나아지지 않으면 버림받는 냉정한 현실 속에 있다.

나는 연습실에서 왕따가 되기로 결심했다. 여기서 말하는 왕따는 다른 연습생이랑 말도 하지 말고 밥도 같이 먹지 않겠다는 게 아니다. 연습생 언니 오빠 동생들과 마음의 거리를 좀 더 두겠다는 결심이다. 덜 친해지면 헤어질 때 이렇게 슬퍼하지 않아도 되니까.

이렇게 마음먹으니까 좋은 점도 있다. 연습생들이랑 친해지면 할 말도 많아지고 그러다 보면 같이 놀고 싶기도 하고 밥도 오래 먹고 싶어지니까 연습에 게을러질 수밖에 없다. 연습 시간이 줄어들면 그만큼 내 실력이 줄어들고 그러다 보면 연습생 종료 명단에 내 이름이 오를 수도 있다. 내가 가수가 되기 위해서, 내 꿈을 이루기 위해서 나는 좀 더 이기적이 되어야 할 필요가 있다. 나는 살아남아야 하니까.

연습 스트레스도 견딜 줄 알아야 한다

스스로에게 주문 걸기

-송한희 이야기

아침 6시 30분. 휴대전화 알람이 울린다. 나도 모르게 알람을 꺼버리고 만다. '아, 달콤한 꿈을 꾸고 있었는데, 10분만 더 잤으면 좋겠다'라는 생각이 끝나기도 전에 알람이 또 울린다. '자, 이제 일어나자. 오늘 하루도 파이팅해야지!' 하는 주문과 함께 기지개를 활짝 폈다.

우리 집은 의정부에 있어서 아침 일찍 일어나 준비하지 않으면 늦는다. 게다가 오늘은 연습실 녹음도 있어서 더 부지런히 움직여야 한다. 학교에 갈 때 이어폰은 필수다. 연습곡을 자주 듣긴 하지만 그래도 아침에는 힙합이나 댄스 음악이 좋다. 빠른 노래를 들으면 기분도 상쾌해지고 발걸음도 가벼워지니까.

학교에는 8시 30분에 도착하는데, 연습생 생활을 시작하고 난 뒤에는 수업 시간에 조는 경우가 많아졌다. 초등학교 때는 꽤 공부를 잘했는데 가수로 진로를 확정하고 난 뒤에는 아무래도 학교 수업에 소홀해지는 것 같다. 그래도 절대 수업 시간에 빠지거나 지각하지 않겠다는 건 나와의 약속! 수업이 끝나면 4시, 바로 연습실로 향한다. 처음에는 저녁 6시부터 10시까지 연습하기도 했는데, 요즘은 녹음이 있는 날 빼고는 8시면 집으로 간다. 대신 녹음날은 자정을 훌쩍 넘기기도 한다. 연습생에겐 주말도 없다. 토요일에도 1시부터 8시까지 꼭 채워서 레슨을 받아야 한다. 그래도 고등학생 언니들보다는 체력적으로 약한 우리가 연습 시간이 좀 적은 편인 것 같다.

난 다른 오디션 현장에서 떨어졌다가 일종의 길거리 캐스팅 식으로 내가 네트워크에 들어오게 됐다. 지금 생각해봐도 오디션 때 나는 내가 할 수 있는 한 최선을 다했던 것 같다. 오디션까지는 5일의 시간이 있었는데, 단순히 노래만 반복해서 부르는 것만으로는 부족할 것 같았다. 그래서 휴대전화 동영상 기능을 활용했다. 내 모습을 영상으로 보는 게 민망하긴 했지만 나도 모르는 사이에 이런 손버릇을 했구나, 이런 표정은 내가 봐도 정말 흉하다, 싶은 것들을 객관적으로 평가하고 수정할 수 있었다. 연습하는 방법에도 좀 더 신경을 썼다. 나비의 〈잘된 일이야〉를 오디션 곡으로 정했는데, 노래를 중간중간 잘라서 노랫말을 익히고 그 다음 가사에 감정을 싣고 노래를 불러보는 식이었다. 오디션이 끝나는 순간, "아, 됐구나!"라는 생각이 들 정도로 만족스럽게 노래를 불렀다.

그런데 내가 잘 몰랐던 게 있었다. 오디션에 합격한다고 바로 가수가 되는 게 아니라는 사실! 연습생으로의 생활을 시작하면서 하루가 다르게 나의 부족한 점들이 보였다. 톤도 좋고 저음도 잘 되는 편이고 목소리에 매력이 있다는 평가를 들었는데, 고음 처리가 너무 안 됐다. 선배 가수들의 노래를 듣고 트레이너 선생님들의 레슨을 받으면 뭔가 알 듯한데, 직접 하려고 하면 그 목소리가 안 나왔다. 왜 못하는 것일까, 혹시 소질이 없는 것 아닐까, 이런 생각에 혼자 짜증이 나고 우울해지기도 한다.

이런 생각만 하다 보니 몸 상태도 안 좋아지고 노래 부르는 것도 즐겁지 않았다. 얼마 전 녹음할 때 이런 일이 있었다. 임재범의 〈너를 위해〉를 부르다가 감정이 북받쳐 올라 펑펑 울어버리고 만 것이다. 녹음이 중단되고 스태프들이 달려와서 왜 그러냐고 하는데 눈물이 멈추지 않아 말을 할 수도 없었다. "나 후회 없이 살아가기 위해 너를 붙잡아야 할 테지만. 내 거친 생각과 불안한 눈빛과 그걸 지켜보는 너. 그건 아마도 전쟁 같은 사랑. 난 위험하니까 사랑하니까 너에게서 떠나줄 거야." 이 가사가 마치 노래에 대한 내 사랑과 그럼에도 노래에 가까이 제대로 다가갈 수 없는 나에 대한 상황같이 느껴졌다. 노래는 내 역량만큼 안 불러지고, 욕심만 크다 보니 기력이 딸리고, 학교 기말고사에 대한 압박감까지 모든 게 엉망으로 느껴졌다.

지금은 다시 힘을 내고 고음 연습에 좀 더 집중하고 있다. 하은이나 예림 언니가 배를 눌러주고 복식호흡을 열심히 하니까 처음보다 실력이 많이 는 것도 같다. 게다가 얼마 전에는 랩 트레이너 선생님에게 어린 연습생 중에 랩을 제일 잘한다는 칭찬도 받았다. 내가 직접 랩메이킹 했는데, 연습생이 되기 전에는 사실 이런 재능이 있으리라고 상상도 못했다. 요새는 시간이 날 때마다 열심히 써본다. 내가 잘하는 분야에서 최고가 되어야 할 테니까.

이렇게 생활하다 보니 몸이 너무 피곤해서 하루 종일 잠만 자고 싶을 때도 있고, 뜻대로 잘 되지 않는 연습에 지칠 때도 있다. 하은이와 같은 학교에 다니는 다른 기획사 연습생 친구는 탈모가 왔다고 하더니 수업 시간에 쓰러져서 병원에 실려 가기도 했단다.

　그래도 요즘은 처음보다 훨씬 마음이 가벼워졌다. 그렇게 긴장되던 월말평가도 즐기려고 생각한다. 제대로 못한 것 같아 찜찜한 마음으로 무대에서 내려와도 다른 연습생 언니와 친구들이 "와, 잘했어.", "지난번보다 훨씬 좋은걸."이라고 말해주니까 더 힘이 나는 것 같다.

　언젠가 그런 이야기를 들은 적 있다. 노래 부르는 사람이 즐거워야 듣는 사람도 즐겁다고 한다. 그런데 억지로 즐거운 척하면 그건 또 대중들이 금방 알아챈다고 한다. 내가 무대에서 즐거우려면 긴장하지 않아야 하고, 긴장하지 않으려면 불안한 마음 없도록 실력을 단단히 닦아야 하니까, 이제는 이런 마음으로 연습에 임한다. 그러니까 송한희, 오늘도 힘내자!

최고의 연습생은 꿈만 꾸지 않는다

우리는 24시간 연습 중

-신예림 이야기

뮤지컬 〈궁〉이 끝났다는 게 아직도 실감이 나지 않는다. 그만큼 집중적으로 연습을 하기도 했지만 매 순간이 내게 최고의 경험이었기 때문이다. 슈퍼주니어 강인 오빠랑 연습하는 것도 재미있었고, 춤 노래 연기 모두를 한꺼번에 해나가는 것 또한 신선한 도전이었다. 무엇보다 한국이 아닌 일본 무대에 서서 온갖 환호성을 받는 순간 가슴이 뭉클해졌다. 〈궁〉을 끝내고 나서 '이 정도면 잘했어', '힘들었는데 잘 견뎌냈어'라는 생각이 들었다. 이제 화려한 무대에서 내려와 다시 연습생으로 겸손한 마음을 다질 때가 된 것 같다.

〈위대한 탄생2〉에서는 그렇게 눈물을 자주 보였는데 오히

려 연습생이 되고 난 뒤 울어본 적이 없다. 고모 집에서 생활하고 있어서 가족들과 자주 만나지 못한다. 오랜만에 만난 가족들과 많은 이야기도 나누고 싶고, 힘든 점도 말하고 싶은데 몸이 너무 피곤해서 일찍 헤어지고 만다.

가족들 못지않게 친구들도 그립다. 이제 막 친해지기 시작했는데 뮤지컬 연습을 시작한 뒤로는 학교도 자주 빠졌다. 시험 끝나면 친구들과 놀러도 가고 싶었는데 함께할 수가 없었다. 공부도 〈위대한 탄생2〉에 나올 때는 그나마 반에서 못하는 편은 아니었는데 지금은 진도도 잘 못 따라가고 있다. 연습생 생활도 충실히 하면서 공부도 잘하고 싶은데, 욕심만 많고 잘 해내지 못하는 걸 보면 나는 아직 다 크려면 멀었나 보다.

이상한 건 이렇게 아쉬운 게 많은데 연습할 때는 행복하다는 거다. 연습은 혼자 할 때도 있고 다 같이 할 때도 있는데 하은이, 한희랑 함께 하면 더욱 재미있다. 아무래도 혼자 연습할 때는 들어주는 사람이 없어서일까.

처음에는 우리 모두 좀 산만했다. 한 시간을 노래 부르다 보면 지쳐서 휴대전화를 들여다보고 있기도 하고, 우리끼리 수다를 떨기도 했다. 그런데 요즘에는 우리 셋 다 그런 버릇이 싹 고쳐진 것 같다. 연습생 생활이라는 것이 만만한 것이 아니고, 너무나 많은 친구들이 이 길을 들어오기 위해 노력을 한다는 것도 알고, 무엇보다 조금이라도 실력이 떨어졌을 때에는 기회도 함께 없어진다는 것을 깨달았기 때문인 것 같다.

이런 마음가짐에서인지 우리의 연습 시간은 조금씩 더 길어지고 노하우도 생기기 시작했다. 처음에 하은이와 한희는 녹음 전날 쉬지 않고 노래 연습을 했다. 잘하고 싶어서 연습한 건데 오히려 당일 날 목소리가 안 나오는 것이다. "목은 너희들의 악기야. 악기가 상하지 않도록 항상 보호해주고 조심스럽게 다루어줘야 해. 연습은 많이 하는 것보다 효율적으로 하는 게 중요하니 적당한 휴식을 꼭 취해줘야 한다."라고 강조하던 보컬 트레이너 선생님의 이야기가 새삼 실감나는 순간이었다.

　　요즘 느끼는 건 '연습생'이 괜히 연습생이 아니라는 것이다. 말 그대로 24시간, 자나 깨나 연습해야 하는 게 연습생이다. 우리는 아침부터 잠잘 때까지 계속 노래를 듣는다. 걸을 때나 버스나 지하철, 어디에서든 이어폰이 없으면 불안하다. 나도 그렇지만 하은이나 한희도 집이 멀어서 이동 시간에 음악을 많이 듣는다. 처음에는 같은 노래를 계속 듣다 보니 음악에 지쳐서 스마트폰으로 게임을 하고 자기도 했지만 어느 날 그런 스스로가 한심하게 느껴졌다. 내가 왜 이렇게 시간을 허비하고 있는 거지? 하루 왕복 이동시간이 두 시간, 일주일이면 열네 시간, 한 달이면 56시간이나 된다. 이런 일이 있은 후부터는 스마트폰으로 해외 아티스트의 공연을 찾아보며 '우물 안의 개구리'가 되지 않으려 하고 있다.

　　또 잠자기 전에는 연습곡을 듣는다. 꼼꼼히 가사를 외우면서 반복해 들으면 잠이 온다. 가끔 너무 몰입돼 당장 연습실에 달려가고 싶은 마음에 잠이 안 오기도 하는데 그럴 때는 그저 여운을 즐기며 잠들 때까지 기다릴 수밖에.

　　연습이 재미있는 건, 이렇게 연습에 집중하다 보면 안 되던

게 어느 순간 된다는 거다. 안 올라가던 고음도 올라가고, 불안정했던 음정도 어느 날 딱 맞아떨어져 있다. 춤은 더 그렇다. 육체적으로 힘들긴 하지만 안 되던 동작을 200번쯤 해보다 보면 그 다음날이면 언제 그랬냐는 듯이 잘 되니 말이다.

하은이와 한희, 나 우리는 오늘도 손을 꼭 붙잡고 약속한다. 우리는 연습생이니까, 우리의 현재 위치에 맞게 최선을 다하자고. 함께 꿈을 이야기하고, 연습할 때는 서로를 격려하고 위로해주자고. 우리 지금은 더도 말고 덜도 말고 최고로 성실하고 당당한 '연습생'이 되자고!

가수를 꿈꾸는 친구들에게
꼭 들려주고 싶은 이야기

내가네트워크 A&R팀 팀장 전민지

2012년 봄, 오랜만에 서점에 가서 여러 가지 책들을 여유롭게 구경하고 있었다. 그런데 옆에서 책을 구경하던 중학생 두 명이 대화하는 이야기가 들렸다. "아 나도 가수가 되고 싶은데 어떻게 하면 될까? 기획사에 소속된 연습생이 되려면 뭘 준비해야 하는 거야?"라는 투정 섞인 말을 듣게 되었다. 친구들의 대화를 듣는 순간 머릿속에 이런 생각이 떠올랐다. 노래나 춤 스킬을 가르쳐 주는 아카데미는 많지만 족집게 선생님처럼 오디션을 잘 보는 방법, 가수가 되는 방법에 대해서 정확하게 알려주는 사람이 없기 때문에 가수가 되고 싶은 많은 인재들은 그 어떠한 시도조차 해보지 못한 게 아닐까? 나는 가수를 꿈꾸는 친구들에게 친절한 방법을 알려주고 싶었다. 오디션 합격은 물론이고, 가수가 되기 위해 준비해야 할 모든 것들을 담은 책을 만들기로 했다. 브아걸을 탄생시킨 내가 네트워크의 보컬, 댄스, 랩 트레이닝법을 알려준다면 가수 지망생들에게 실질적 도움을 줄 수 있을 거라는 확신이 들었다. 하지만 정확하고 현실적인 내용을 담는 게 생각처럼 쉽지 않았다. 부푼 거품만 채워 넣으면 가수를 준비하는 친구들에게 환상만 심어주는 게 아닐까 하는 걱정도 들었다.

실제로 가수의 화려한 모습만 생각하고 가수 연습생을 시작하는 친구들도 많다. 그런 친구들은 결국 목표를 이루지 못하고 중도에 포기하는 경우가 많다. 환상 이면에 있는 현실을 받아들기가 쉽지 않기 때문이다. 가수 연습생에서 가수가 되는 것은 웬만한 입시 준비보다 고통스럽고 힘들다. 입시 기간도 정해져 있지 않고, 기획사에서는 1년에 한두 명, 혹은 한두 팀을 데뷔시킬 뿐이기 때문이다. 나는 실력 이전에 인내심과 강한 정신력부터 갖추라고 말한다. 그렇지 않으면 절대 가수 연습생에서 살아남아 가수가 될 수 없다. 또한 많은 친구들이 가수가 아닌 아이돌이 되고 싶다고 하는데, 이는 잘못된 말이다. 아이돌이 되려면 실력과 인성을 갖춘 가수가 되어야만 한다는 것을 명심하길 바란다.

화려한 연예인 뒤에는 그 연예인을 빛내주기 위해 나와 같은 많은 스태프가 있다. 기획사 A&R팀, 마케팅팀, 관리팀, 매니지먼

트팀 그 외 작곡가, 작사가, 의상·헤어·메이크업 스타일리스트, 포토그래퍼와 스태프, 뮤직비디오 감독과 스태프, 녹음실 엔지니어, 안무가 등 수많은 스태프들이 발로 뛰고 있다는 것을 많은 대중들이 알아줬으면 한다. 지금 이 시간에도 단 한 번의 무대, 최고의 뮤직비디오를 만들기 위해 많은 스태프들이 수많은 밤을 새어가며 대중들의 입맛에 맞는 고급 퀄리티의 콘텐츠를 만들기 위해 전쟁을 하고 있다. 스태프들은 많은 것을 바라지 않는다. 그저 대중들이 우리 같은 사람들이 있다는 것을 알아주는 것만으로도 위안을 얻는다.

음반시장이 온라인화되면서 힘들게 만들어진 고급 퀄리티의 음악, 뮤직비디오, 사진 등 수많은 노력 끝의 결과물이 일주일이면 일회용처럼 사라지고 있다. 또한 불법으로 음악을 듣는 대중들이 여전히 존재하는데, 음반 업계에 종사하는 사람으로서 나는 이 점이 매우 아쉽다. 밤낮 가리지 않고 고생해서 대중들의 귀와 눈을 즐겁게 해주는 가수들과 스태프들의 노력을 위해서라도 정당한 방법으로 음악을 들어주었으면 좋겠다. 이 책을 읽은 미래의 가수들이 더 좋은 노래를 들려주고 완벽한 퍼포먼스를 보여주기 위해 끊임없이 노력해야 한다.

　마지막으로 이 책은 한 번 빛을 내뿜고 사라질 가수를 위해 만든 것이 아니다. 대중들 곁에서 오래도록 노래할 수 있는 가수가 되기 위해, 반드시 알아야 할 모든 것을 담았다. 지금 이 책을 보는 가수 지망생과 언제가 무대 뒤에서 만나기를 바란다.

2012년 11월

내가네트워크 녹음실에서

내가네트워크는 여러분의 도전을 기다립니다.

지원 기간	상시
지원 분야	가수, 연기자 , 모델 등
오디션 절차	1차 오디션 ⋯▸ 2차 오디션 ⋯▸ 최종오디션 **1차 오디션** · 내가네트워크 오디션카페(cafe.daum.net/negaaudition) · 이메일(audition@neganetwork.com) · 우편 접수 〈온라인〉 **서류 접수 내용** 1) 오디션 지원서 (양식 다운로드 후 작성하여 업로드) 2) 전신, 측면, 상반신 사진 (실 사진) 3) 영상 및 음원파일(노래, 춤, 연기 등) 　수정작업 거친 사진 및 첨부요망 자료 미첨부시 불합격처리 〈우편접수〉 **서류 접수 내용** 1) 오디션 지원서 (양식 다운로드 후 작성) 2) 전신, 측면, 상반신 사진 (실 사진) 3) 영상 및 음원 파일이 담긴 저장매체(종류 불문) 　수정작업 거친 사진 및 첨부요망 자료 미첨부시 불합격처리 1차 합격자: NEGA NETWORK 오디션 카페 게시판 공지 및 개별통보 2차 합격자: NEGA NETWORK 오디션 카페 게시판 공지 및 개별통보 최종합격자: 최종합격자는 최종 오디션 진행 후 일주일 후 개인 통보
온라인 문의	NEGA NETWORK 공식 오디션 카페 cafe.daum.net/negaaudition
전화 문의	02-511-9650(신인개발팀)

내가네트워크 공식 홈페이지: http://www.neganetwork.com
내가네트워크 공식 트위터: @neganetwork1